ジェンダーで学ぶ
社会学
〔第4版〕

伊藤公雄・牟田和恵・丸山里美〔編〕

Sociology from Gender Perspective

世界思想社

目次

ド と 異性愛絶対主義　ジェンダー平等のための教育

3 語る——ことばが変える社会 …… 中村桃子 48
「女ことば」や「男ことば」は、性差を強調するための概念だ　アイデンティティとことば　「セクハラ」　「マジっす」　男女別自称詞

4 愛する——恋愛からの脱出 …… 牟田和恵 62
アセクシュアルって？　恋愛の歴史　純粋な関係性　ロマンティックラブとジェンダー・アンバランス　男性にとっての恋愛の理不尽　女性の地位の変化と男性の暴力　ヘテロセクシズムを超えて

5 シューカツする——「将来の自分」とジェンダー規範 …… 妹尾麻美 78
ジェンダー構造の違いに気づく　大学生のジェンダー観・ライフコース展望　男性を中心とした日本的雇用　性別役割分業と「将来の自分」　性別職域分離に導かれる選択　選考の場で遭遇する問題　ジェンダーと結びついた働き方・生き方の行く末

6 働く——労働におけるジェンダー格差 …… 大槻奈巳 92
「働く」ことのイメージ　「働くこと」を考える視点　労働力率と就業継続率　非正規雇用で働く人の割合　割り当てられる仕事　無償労働の担い手は女性　賃金の

0 社会学とジェンダー論の視点

「社会学」ってどんな学問?

この本は、ジェンダー論と社会学について学ぼうとする人のための入門書である。ジェンダーについては、「社会や文化がつくりだした(つまり人間が生みだした)性別」を意味する言葉として、知っている人も多いだろう。

では、「社会学」についてはどうだろう。みたとおり、「社会」についての学問だろうということは、すぐ理解できると思う。それなら、この「社会」とは何か。「社会」という言葉は何とはなしに理解できても、それでは、「社会とは具体的に何を意味しているか」とたずねられると、とまどう人も多いだろうと思う。

「社会」とは何だろう。わかっているつもりでも、この言葉にはっきりした定義を与えることはなかなか難しい。では、この「社会」を対象にしているという社会学はどんなことを問題にしているか。それなら、少し説明できるだろう。ごく簡単にいえば、人と人の相互関係のプロセス、その結果生まれる集団や組織のしくみ、また、それがどんなふうにできあがり維持されているか、さらにどんなかたちで変化してきたか、ということが、社会学のおもな研究テーマだ。

三つのパースペクティブ

もちろん、現代社会では、社会学のテーマはきわめて多様である。法について考える法社会学もあれば、家族社会学や宗教社会学、さらに科学社会学などもある。特定の社会分野を対象とするいわゆる「連字符社会学」と呼ばれるものだ。他方で、「テレビの社会学」や「酒場の社会学」など、具体的な対象をテーマにした社会学もある。

こうした多様性ゆえに、しばしば社会学は「学問としてのイメージ」がつかみにくいともいわれる。「社会学ってそもそも何なのだろう」という質問を聞くこともよくある。

物事の本質について考えるとき、その起源をさかのぼるという方法がある。社会学についても、その誕生の時代における問題関心をみると、この学問が何を目指している（た）のかが、少しわかるだろう。

社会学は、近代社会の成立とともに誕生したといっていい。この時代的転換は、それまでの共同体の絆の強い身分制の社会から、自由や平等を原理とした個人を軸にした社会への変容を生みだした。個人の自由や人間の平等が理念として社会的に承認されたことはきわめて意義のあることだ。しかしその一方で、多くの問題もまた生じることになった。個人の自由の強調は、ときにエゴイズムへと展開し、社会の秩序がゆらぐという問題が生じることになった。また、それまで存在していた共同体的な絆がゆるむことで、人と人の結びつきが弱まり、人間の孤立と不安が拡大するという問題も生まれた。社会学は一九世紀中期、このような近代社会の生みだした課題にこたえるために生まれたのだ。

こうした近代社会の「プラス」面と、その一方での「マイナス」面に直面する中で、初期の社会学者たちは、「個人の個性の自由な発展と社会の安定した秩序を同時に実現するためには何が必要か」という課題に取り組むことになる。この「個人と社会の調和」というテーマが、社会学という学問の出発点だったことはおさえておく必要のあることだろう。

初期の社会学者は、こうした立場から、さまざまな視点に立って「社会」をとらえようとしてきた。そのパースペクティブには、大きく分けて三つの視点があるといわれている。

最初のパースペクティブは、個人から出発して「社会」を考えるものだ。次に、個人を超えた存在として「社会」をとらえるパースペクティブがある。そして最後に、人と人、集団と集団の相互作用こそが「社会」の本質だという視点がある。

個人から出発して「社会」を考えるという見方については、何となく納得できると思う。というのも、「社会」はそれを構成する個人個人によって成り立っている、というのは常識だからだ。とはいっても、社会学のあつかう個人は、あくまで社会的行為者としての個人が対象になる。社会的行為とは、行為の向かう相手を想定した行為ということだ。他者の存在を考慮しながら、いかに人間が社会生活を送るか、またそうしてできあがった社会がどのようなしくみで成り立っているかが、この個人から出発する社会学のテーマになる（これを「方法論的個人主義」などということもある）。マックス・ウェーバーがこの立場の代表的論者だ。

また、最後の「相互作用こそが社会の本質だ」という視点も、それなりに理解できると思う。「社会」は人間の相互作用の網の目によってつくりだされている、という観点だ。人間は社会的存在だとよくいわれる。そして、個人が「われわれ」意識をもった社会的存在になる（社会的自我をもつ）ためには、他者とのコミュニケーションや自分自身との内的コミュニケーションが必要だ。もちろん、相互行為のプロセスの中で、人間と人間の関係は時々刻々変化している。とはいっても、そこにはあるパターンがある。そのプロセスやパターンを探るのも、社会学の重要なテーマだ。

おそらく一番わかりにくいのは、二つめに挙げた「社会」を「個人を超えた存在」としてみる視点だろうと思う（これを「**方法論的集合主義**」と呼ぶことがある）。「社会」は個人に先立って存在しており、個人の意識や行為を外部から拘束し規定している、というのが、このパースペクティブの視点だ。そして、個人を超えた「社会」の存在について、もっともあざやかな説明をしてみせたのは、ウェーバーと並ぶ、成立期の社会学の重要な担い手の一人、エミール・デュルケームだっただろう。

自殺の社会的要因

デュルケームが一八九七年に書いた『自殺論』は、この個人を超えた「社会」の存在について具体的なデータを使って、きわめて明瞭に論じている点で、社会学を学ぼうとする人にとって必読書のひとつだろう。デュルケームは、この研究の中で、自殺というごく個人的な現象のようにみえる行為の背景に、社会的要因が存在していることを、きわめて明晰に実証してみせた。たとえば、スイスのプロテスタント系住民の多い地域とカトリック系住民の多い地域の自殺率の分析だ。比較してみると、プロテスタント系住民の多い地域の方が、カトリック地域よりも格段に自殺率が高いのだ。このデータからデュルケームは、教会などを介して神とつながる集団主義の傾向の強いカトリックと比べて、神との直接的つながりの中で信仰を確認する傾向の強いプロテスタントの方が、個人主義的な傾向が強いこと、そのため、カトリックに比べてプロテスタントの方がより孤立しやすく、自殺率が高くなるという分析を行ったのである。個人的な理由だけでなく、その個人が所属する社会集団の特性もまた、自殺率の背景には存在しているという指摘だ。まさに、自殺という行為の背後に、個人を超えた「社会」の作用が存在しているというわけだ。

実際、自殺をその背景にある社会現象と結びつけて考えると、そこにはある一定の法則があることに気がつく。たとえば、戦争のような社会的緊張が高まる時期は自殺率が低下する。また、既婚者と独身者を比べると独身者の方が自殺率は高い。文化によっても自殺のかたちは変化する。たとえば、近代の日本社会は、親子心中、なかでも母子心中がきわだって多いという特徴があるといわれている。

こうした「社会」が個人の自殺を規定するというこの観点は、ある意味で、きわめて社会学的なものの見方ということになるだろう。

男性が自殺しやすいのはなぜ？

ところで、この自殺という問題を分析していくと、男女の自殺率についても、たいへん興味深い傾向がみられる。どこの国でも、男性の自殺率は女性に比べて高いのである。ほとんど、倍から三倍くらい男性の方が女性より自殺しやすいのだ。

デュルケームもそのことには気がついていた。彼は、その理由を、女性が男性と比べて社会生活に参加することが少ないため、ストレスをまぬがれやすいという視点から説明している。これは当時の社会的な要因を軸に自殺を分析すれば納得のいく指摘だろう。しかし、彼は、もうひとつ別の視点から、女性の自殺率の低さを分析しているのだ。彼は次のようにいっている。

じっさい、女性は、一般的にいって、精神生活がそれほど発達していない（中略）、いいかえれば、女性は男性よりも本能に支配されやすいため、心の平安を見出すためには、ただ本能にしたがうだけでよいのである。（デュルケーム　一九八五）

つまり、一般に女性は精神レベルが低く、そのため男性ほどにはストレスにさいなまれることがなく、結果として自殺しにくい、というわけだ。これを読んで読者はどう思うだろう。読者の中には、このデュルケームの言葉には、ひどい偏見が含まれていると考える人も多いのではないだろうか。

しかし、ここでデュルケームだけを責めるのは適切ではないだろう。というのも、こうした男・女の決めつけを前提にした社会活動における男女の差についての「偏見」は、ごく最近まで多くの（とくに男性の）学者たちの間では（もちろん一般の人の間でも）、「常識」だったからだ。

セックスとジェンダー

このような性に関わる「決めつけ」に関して、その背景に、男女をめぐる固定的な意識の問題があることが議論されるようになったのは、それほど以前のことではない。なかでも、本書のタイトルの一部にもなっている「**ジェンダー**」という視点の登場は、このような性による固定的な枠づけのもつ問題点を、理論的に明らかにするのにきわめて有効だった。

冒頭で触れたように、ジェンダーとは、社会的・文化的に構築された性別を意味する言葉である。つまり、「男ならこうすべきだ」とか「女だからそれは無理だ」といった、個人の能力や特性ではなく、性別による固定的な枠づけに関わる言葉として、このジェンダーという語は使われるようになっている。

もちろん、「性別による決めつけは、生まれつきのものではなく、社会や文化によって生みだされ押しつけられたものだ」という意味合いがそこにはある。付け加えれば、このジェンダーに対して、生物学的な性差を意味する言葉として**セックス**（セックスという言葉にもいろいろな意味合いがあるが、ジェンダーと対になる用語としては生物学的性差の意味で使用される）という言葉がよく使われる。

セックスとジェンダーをめぐっては、いわゆる nature/nurture（生まれつきのものか、それとも社会環境が決定するのか）問題がしばしば話題になる。性に関わる意識や役割はどちらが決定要因なのかをめぐる議論だ。現代のセックスとジェンダーをめぐる研究では、「性に関わる意識や役割には、生物学的要因と社会的要因の双方が相互に影響を与えている」という、ごく当たり前の視座が有力であることも付け加えておこう。

ジェンダーの「発見」

ジェンダー、つまり「男らしさ」や「女らしさ」が社会や文化によってつくられたものであることを示す興味深い研究がある。アメリカ合衆国出身の文化人類学者マーガレット・ミードが一九三五年に発表した研究だ。彼女は、ニューギニア地域の研究の中で、ひとつのおもしろい発見をした。ここで、彼女の研究した社会集団の中から、アラペシュ族、ムンドグモル族、チャンブリ族という比較的近隣に居住していた三つの社会集団をとりあげてみよう。じつは、これらの三つの社会集団の男女関係や男女の役割が、欧米の文化の中で育った彼女の「当たり前」の男女観にとって、きわめて特異なものにみえたのだ。

つまり、アラペシュ族では男性も女性も「女性的」なやさしい気質をもっており、ムンドグモル族の場合は、逆に、男も女も「男性的」に攻撃的であり、さらにチャンブリ族では、男は繊細で臆病で衣装に関心が深く絵や彫刻などを好むのに対して、女たちは頑強で管理的役割を果たし、漁をして生活を支えるなど「男性的」な役割を果たしているというのだ。このミードの議論は、いわゆる「男らしさ」や

「女らしさ」が、絶対的なものではなく、文化によって変化すること、つまり、男性・女性の気質や役割が、社会や文化によってつくられたものであることを明らかにした点で画期的な研究だった。

じつをいうと、このミードの研究は、近年、さまざまな批判を受けている。というのも、現地の人々の生活や意識についてミードに十分な情報がなかったのではないかという疑問が出されているからだ。同時に、「アメリカ文化」を前提にした視点が、ときに彼女の観察眼を歪めた部分があるのではないかという指摘もある。しかし、文化によって性別役割や性表現が異なるということを、誰よりも早く指摘した彼女の研究の意義はきちんと評価するべきだろう。

実際、その後の研究の中で、文化によってジェンダーが変化するということは、実証調査をふまえて、多くの研究者が明らかにしている。たとえば、各文化の〈男らしさ〉について研究したデイヴィッド・ギルモアは「男は少々女性的で、女は少々男性的」にみえるタヒチの文化や、「ジェンダー図式を欠いている」(つまり男女の区別がほとんどない)西マレーシアのセマイ族の文化などについてふれている(ギルモア　一九九四)。

性の多様性

それなら、生物学的性差であるセックスの方はどうだろう。よくみていくと、このセックスも簡単に男女(あるいはオス・メス)の二分法では分けられない多様性がある。たとえば、性染色体だ。女性はその多くがＸＸ染色体をもつし、男性は一般にＸＹ染色体をもつ。ところが、Ｘ染色体が三つある人や一つしかない人、さらにY染色体が二つある人など、染色体の面でも簡単に人間を二つには分類できないのだ。いわゆる男性ホルモンや女性ホルモンの分泌や、子宮や精巣などの内性器やペニスやワギナなどの外性器においても多様性がある。なかには、精巣と卵巣の両方をもっていたり、外性器がペニスやワギナの双方の特徴を備えていたり、さらに外性器と内性器の性が一致しないといった人もいる。いわゆる性分化疾患の人たちである。

また、ＬＧＢＴＱ＋の人たちの問題についても最近は注目されている。女性の同性愛者であるレズビアン（L）、男性同性愛者であるゲイ（G）、両性愛者のバイセクシュアル（B）や出生時に割り当てられた性とジェンダー・アイデンティティが一致しないトランスジェンダーの人（T）、Qの人（性的マイノリティの人が自らを「変態 queer」と呼ぶような場合のクイア、あるいはクエスチョニング＝性的指向やジェンダー・アイデンティティが定まらない場合）、さらに、それ以外の性的マイノリティ（＋）のことだ。

近年、国連も、ＳＯＧＩ（Sexual Orientation and Gender Identity 性的指向およびジェンダー・アイデンティティ）の多様性を強調するようになっている。性的指向には、異性愛、同性愛、両性愛の人に加えて性的な関心をもたない（アセクシュアル↓4愛する）人もいる。ジェンダー・アイデンティティについても、自分が「男」だと思う人、「女」だと考える人、「男でも女でもない」と考える人や「わからない」という人もいる。

なぜＳＯＧＩという言葉が使用されるようになったのかといえば、性的指向やジェンダー・アイデンティティは、ＬＧＢＴＱ＋の人だけの問題ではないからだ。これは、すべての人に関わることなのだ。

ジェンダーという視点が生みだしたもの

現代社会における性と人権という課題は、そのままジェンダーという発想と結びつく。「社会的・文化的に構築された性別」という意味でのジェンダーという言葉が広がったのは、一九七〇年前後のことだ。その背景には、女性解放運動や女性学の発展があった。女性であるということで、個人の能力や個性をひとくくりにされ、差別されたり社会的排除を受けてきた女性たちにとって、このジェンダーという考え方は、きわめて重要な意味をもっていた。というのも、性差別の多くは、このジェンダーに由来すると考えられるからだ。

逆に、男性主導の社会の担い手である男性もまた、ジェンダーによって縛られることで、無理を強いられ、窮屈な状態におかれているという指摘も生まれている。「男だから」と、弱音を吐かず、感情を抑圧し、「仕事中心」の生き方の中で競争に追いまくられる状況は、男性にとっても非人間的な状況だといえるからだ。男性学・男性性研究の登場である。

しかし、このジェンダーの縛りは、私たちをなかなか自由にしてくれない。なぜ、ジェンダーからの解放は難しいのだろうか。それは、人間社会は、それぞれの領域で「さまざまな要素が一定の関係のもとで配置された、恒常性をもったしくみ」（社会科学ではこうしたしくみを「構造」と呼ぶ）をもっているからだ。ジェンダーについても、それぞれの社会に固有な**ジェンダー構造**、つまり「男はこうすべきだ」とか「女の役割はこうあるべきだ」といったしくみが存在している。

もちろん、このジェンダー構造の多くは人間がつくりだしたものだ。逆にいえば、問題があれば意図的に変革することができるということだ。とはいっても、なかなかこの構造を変えることは難しい。なぜなら、この構造は「当たり前」のこと、まるで「自然」なことのようにあらわれるため、多くの人にとって「問題あり」とは気づかれないまま維持されているからだ。

ジェンダー構造を社会学の視点で読む

それなら、このジェンダー構造はどんなふうにつくられ、維持されているのだろうか。先に挙げた社会学の三つの視点から考えると、このしくみが少しみえてくるだろう。

まず、「方法論的個人主義」の立場である社会的行為論の視点からみてみよう。

私たちは、他者との関係の中で自分の望む結果を求めるとき、多くの場合、自分の行為に対する相手の反応を予期しながら行為する。つまり、相手がどう出るかを考えながら自分の行為の方向性を決めているのだ。他方で、相手の方も、行為者がどう思っているかを考慮しながら行為をすることになる。いいかえれば、両者ともに、自分の望む結果を求めつつ、自分の行為に対する相手の反応に依存しているのである。「社会システム論」で有名なタルコット・パーソンズ（一九七四）は、これを**ダブル・コンティンジェンシー**（二重の相互依存）と呼んでいる。

しかし、互いの作用・反作用の結果、両者ともに望ましい結果を得るためには、相互に補いあうような期待が両者ともに保持される必要がある。逆にいえば、相互の判断がすれ違えば、両者の関係はぎくしゃくするし、互いに期待した結果が得られないということにもなりかねない。相互作用の中で、両者がともに望ましい結果を獲得するには、両者間に共通のルールが必要になるのである。

こうしたルール＝社会的な約束事による規制（社会的規範）が、私たちの他者との関係を支配している。なぜ、こうした約束事にしたがうのかといえば、それが他者との関係をスムーズに遂行させるからだ。互いに了解しあっている（と考えている）ルールにしたがえば、他者との関係を維持しつつ、自分の期待した結果も確保しやすい。男性の役割・女性の役割を固定化してきたジェンダー構造は、見方によれば、相互の社会的行為を「見通しよくさせる」という機能を果たしてきたともいえる。

こうして形成されたルールの網の目は、ときに具体的な個々の関係を超えて、一般的な約束事として、ある固定的なしくみになる。このしくみは、ときに私たちの自発的な意図を超えて、私たちの行為を外から規制する。この見方は、「社会が個々人を外側から規制している」という社会学的パースペクティブの第二の視点、つまり「方法論的集合主義」の視点であることは、少し考えれば理解できるだろう。「男性」「女性」の固定的な役割のしくみ（ジェンダー構造）は、こうして私たちの行動や思考を、個々の「自主的」判断を超えて外部から拘束する力を発揮することになる。

とはいっても、私たちと他者との関係は、簡単には一般化できない。今日の自分の気分と明日の自分のそれは違うはずだ。つまり、「今」という時間は、永遠の時間の中で一回しかないきわめて具体的なものなのだ。そこでは、現状のジェンダー構造から離れた自発的で自由な行為も可能なはずだ。社会学の三つめの視座である相互作用の網の目としての社会とは、こうしたつねに生成し変化している社会関係のダイナミズムに注目する。

この視座によれば、他者との関係のもち方もまた、それほど安定したものではなく、その場その場で生成するものだと考えることもできる。しかし、一回きりしかない具体的な場における相互作用においても、ある種のパターンが存在している。

このパターンを私たちはどこで身につけたのだろうか。相互作用の社会学の視点からみると、このパターンは、幼児期からの他者とのコミュニケーションの中で身についたということになる。他者の役割をまねたり、あるいは他者から期待される役割を演じたりする中で、私たちは、社会関係のパターンや自分の社会的役割（〈男らしさ〉〈女らしさ〉もそのひとつ）を身につけていく（↓1育つ）。相互作用の社会学の代表的論者であるチャールズ・ホートン・クーリーは、デカルト派の「我思うゆえに我あり」ではなく、「我々思うゆえに我あり」であると語っている。つまり「私」の存在そのものが他者とのコミュニケーションの蓄積の産物である、ということだろう。

他者とのコミュニケーションの中で形成された関係のパターンや役割は、私たちの他者との関係のもち方を規定する。自分で「これが自分の役割だ」と考えているしくみから「はずれる」こと（たとえば、社会が共有していると考えられる男女の役割とは異なる自己表現をすること）によって、他者との関係の中で「浮いて」しまったり、あるいは当初の目的を達成しそこなったりしかねないからだ。そこで、具体的な相互行為の場でも、私たちは、あらかじめ想定したパターンや役割にしたがったほうが有利だと考えやすい。

そして、実際にこれが自分の役割だと思う行為をすれば、それは、「これこそが自分のあるべき姿だ」というかたちで、自分の思う「社会が自分に与えた役割」を自分自身のうちで強化することになる。つまり、次に同じようなケースに出会っても、また同じような役割を意識しつつ相互作用をすることになるだろう。

ジェンダーという観点で女性役割・男性役割を考えれば、それにしたがう行為は、相互に共有された「社会規範」にのっとった行為であり、結果的に「ジェンダー構造」を安定させ維持させることにつながるだろう。

ジェンダー平等な社会に向かって

しかし、現代社会においては、ジェンダー構造を含む社会構造そのものが大きな変化の中にある。その理由は、社会の発展の中で社会の成り立ちそのものがこれまでになく複雑化しはじめていることがまず挙げられるだろう。これまでそれなりに安定していた社会構造ではやっていけないほど、人間と人間の関わりが多様化しはじめたのだ。

実際、かつての社会であれば、女性・男性の役割は今と比べればきわめてパターン化され、安定した役割構造が存在していた。明日も明後日も、だいたい同じような役割を継続していけば社会生活は成り立ったのだ。

ところが、現代社会ではそうはいかない。ジェンダーという視点でみても、近代産業社会が生みだした「男は外で女は家庭」という枠組みがゆらぎはじめている。なかでも、労働の形態や産業の質の変化は大きいだろう。男性の肉体労働を軸にした製造業中心の社会は、今や、情報やサービスを軸にした産業へと大きく変化した。コンピュータのキーボードをたたくのに、筋肉労働はもはや必要ないことは、誰にでもわかるだろう。情報やサービスという点では、むしろこれまでケア労働を中心に人間と向きあう労働をしてきた女性の方が、機械と向きあってきた男性よりも有利な場合さえあるだろう。時代の変化の中で、近代社会の比較的安定していた固定的な古い構造に代わる、多様性や複数性に対応した新たなしくみが求められているのである。

また、ジェンダー構造の転換は、国際的にも大きな課題になりつつある。というのも、この構造は、社会的な男性優位と社会からの女性の排除の構図を含んでいたため、人権という観点からみたとき、国際社会が克服すべき最重要の問題として考えられるようになったからだ。あらゆる分野をジェンダーの視点から見直し、ジェンダー平等な社会を形成する、ジェンダー主流化である。男性・女性の固定的な役割構造を克服して、人間が社会によって構築された性別（ジェンダー）によって差別されたり排除されたりすることのない社会が求められているのだ。

ただし、誤解してほしくないのは、こうしたジェンダー構造の転換が、「男も女も機械的に同じになる」（性差の解消）社会を目指しているわけではないということだ（実際、こうした誤解はまだまだ根強い）。ジェンダー構造を超えて、ジェンダーにとらわれない社会をつくろうという動きが求めているのは、性別によって決めつけるのではなく、個々の多様性を認めあおうということなのだから。

これまでのジェンダー構造によって規定されてきた社会は、しばしば人間を二色刷りで把握しようとしてきた。つまり、男性と女性の二分法である。ジェンダー平等を目指す動きは、これを単色の社会にしようというのではない。むしろ、二色刷りから多色刷りへと転換していくことが求められているのだ。求められるべきなのは、ジェンダーを超えて、一人ひとりが、固有の能力を発揮できる社会だ。もちろん、それが弱肉強食の「能力中心社会」になるのも困る。だから、さまざまな理由で社会的にハンディキャップを背負った人への社会的支援がきちんと準備されることも必要だろう。

もしそんな社会が実現すれば、それはまさに、社会学の創始者たちが求めた「個人の個性の自由な発展と社会との調和」という理念ときわめて近いものになるだろう。

以上みてきたように、社会学やジェンダー論は、今まで私たちが「当たり前」だと考えていたことがらにメスを入れることで、「個々人の自由と平等の実現とともに、他者との深い絆によって結びついた新しい人間関係」を築くための学問としての意義をもっているのである。

本書の初版は一九九八年に刊行された。以来、改訂のたびに社会の変化をふまえて内容を更新し、今回は三度めの改訂となる。四半世紀にわたって読み継がれてきた本書が、社会学を学ぶ人、ジェンダー論に関心をもつ人たちにとって何らかの役に立てば、編者の一人として、これにまさる喜びはない。

（伊藤公雄）

引用・参考文献

伊藤公雄　二〇〇八『ジェンダーの社会学〔新訂〕』放送大学教育振興会。

伊藤公雄・樹村みのり・國信潤子　二〇一九『女性学・男性学――ジェンダー論入門 第三版』有斐閣。

ヴェーバー、M　一九七二『社会学の根本概念』（清水幾太郎訳）岩波文庫。

ギルモア、D　一九九四『「男らしさ」の人類学』（前田俊子訳）春秋社。

デュルケーム、E　一九八五『自殺論』（宮島喬訳）中公文庫。

パーソンズ、T　一九七四『社会体系論』（佐藤勉訳）青木書店。

1　育つ——子どもの社会化とジェンダー

人は生まれたときから社会の中で生活し、社会で生きるために必要な事柄を身につける。これを「社会化」という。本章では、子どもの社会化においてジェンダーがどのように作用しているのかについて、子どもをとりまく環境、子どもの社会化をめぐる困難に注目して考えていく。

女の子が好まれるのはなぜ？——希望する子どもの性別から

あなたも、周囲で子どもが生まれたときに「生まれた子どもが女の子（または男の子）でよかったね」などの発言を聞くことがあるだろう。女の子と男の子のどちらが望まれているか、つまり「女児選好／男児選好」の傾向からは、その社会・文化において家族のかたちに関わる「ジェンダー・ディスコース」（ジェンダーに関する、書かれたり語られたり表現されたりした内容の総体　↓3語る）が透けてみえる。そこで、私たちの社会で、生まれてくる子どもの性別について女の子と男の子のどちらが望まれているのか、望まれる子どもの性別に違いがあるとすればなぜなのか、考えてみよう。

国立社会保障・人口問題研究所がおよそ五年ごとに実施している「出生動向基本調査（結婚と出産に関

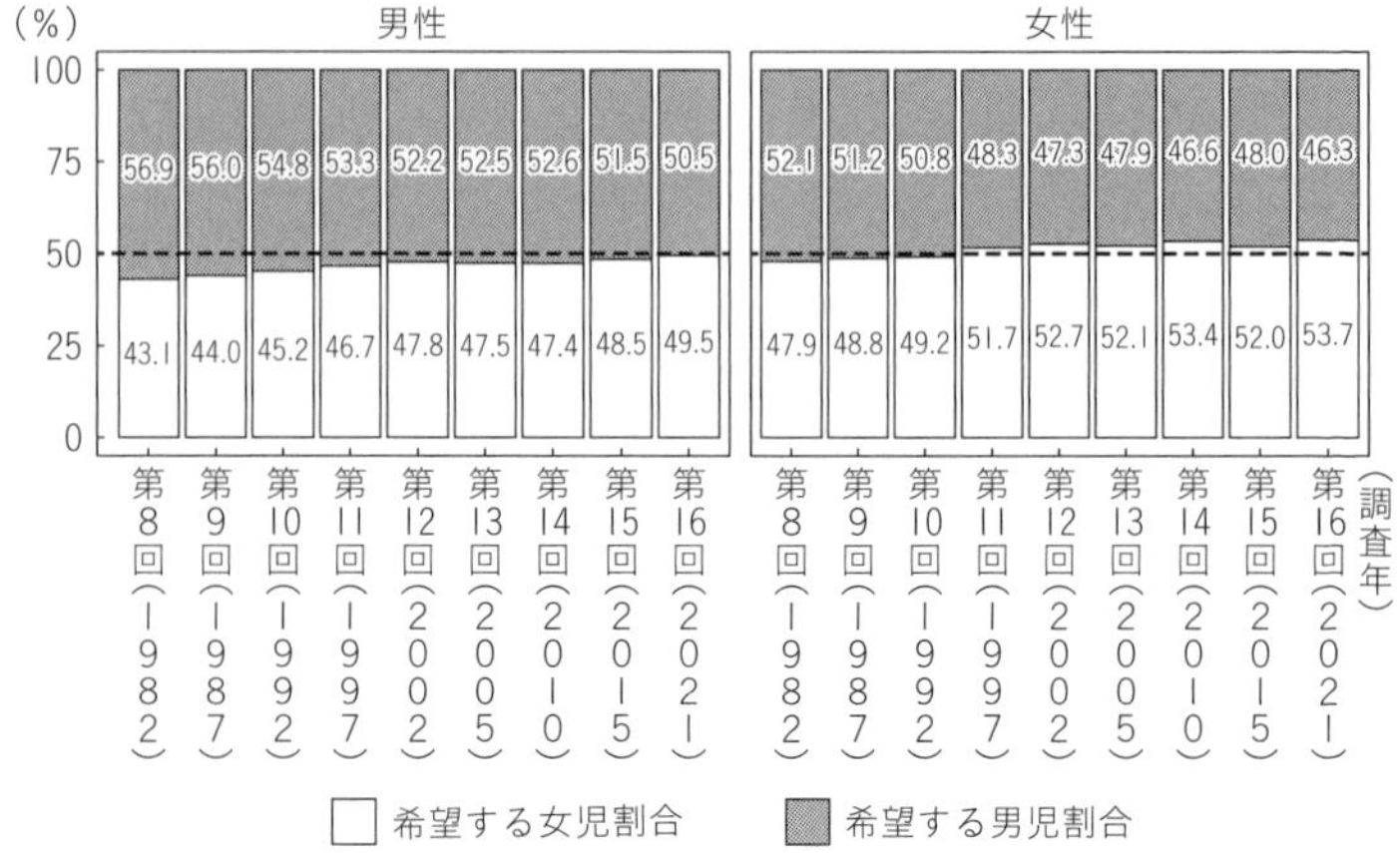

出典：国立社会保障・人口問題研究所『第16回出生動向基本調査（独身者調査ならびに夫婦調査）報告書』

図1-1　独身者の希望男女児数の総和の構成

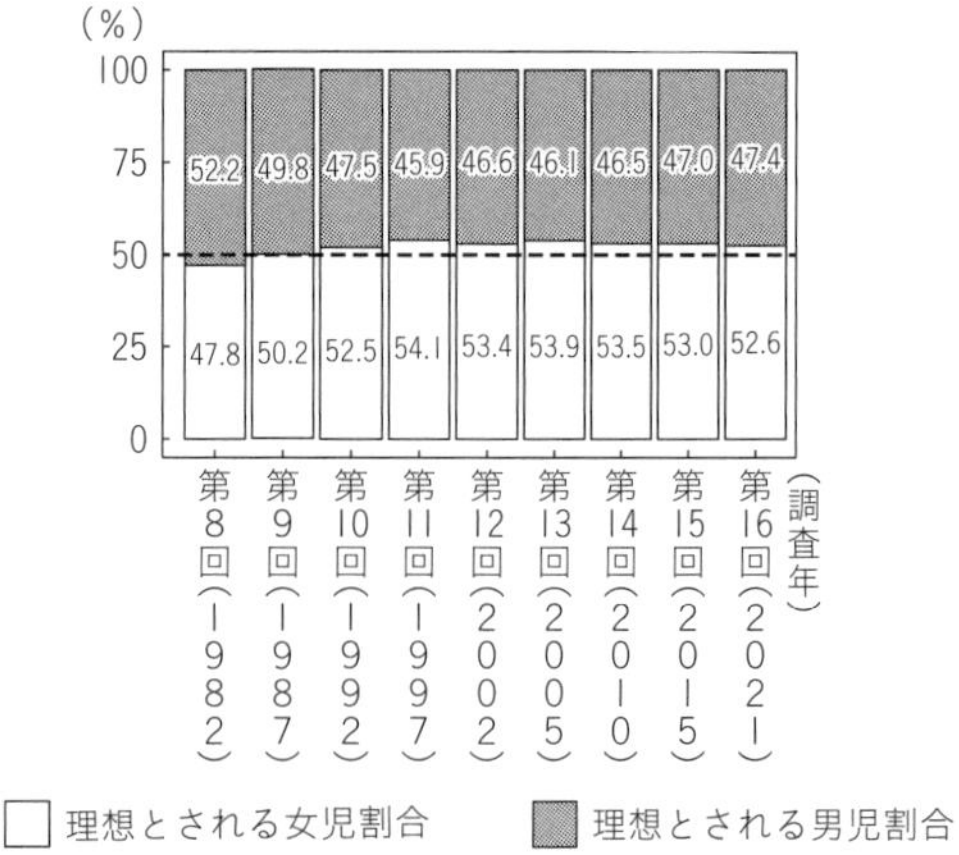

出典：国立社会保障・人口問題研究所『第16回出生動向基本調査（独身者調査ならびに夫婦調査）報告書』

図1-2　夫婦の理想男女児数の総和の構成

する全国調査)」によると、従来は男児選好が強い傾向にあったが、近年では男女とも女児選好が強まりつつあるという(国立社会保障・人口問題研究所 二〇二三)。独身者の男性と女性はともに第一〇回調査まで、夫婦は第九回調査まで、男の子をより多く望む傾向にあった。ところが、その後、最新の第一六回調査(二〇二一年)にいたるまで、独身女性および夫婦では女児の割合が高い。男児選好の傾向がある独身男性についても、女児と男児の割合はほぼ半々になりつつある(図1-1、図1-2)。

女の子がより望まれるようになった背景として、私たちの社会における子ども観や家族観の変化が考えられる。近年は、家督相続よりも、親との親密な関係性や将来の介護への期待が高まっている。女の子は男の子に比べ、親との関係が成人後も継続すると考えられており、育児や介護といったケアが女性の役割と見なされがちである(→15ケアする)ことから、女の子が望まれるようになったと考えられる。

男児選好から女児選好への変化は、一見大きな転換のようにみえるが、それらは、結局同じジェンダー・ディスコースの裏と表の違いにすぎない。男の子には姓や家を継いでほしい、女の子には親と仲良い関係を続け、将来は介護を担ってほしいという思いは、どちらも、**性別役割分業意識**(つまり「男は仕事・女は家庭」という考え方)と対応しているのである。

性別によって育て分けられる子ども

生まれた子どもの性別を知ると、親や周りの大人たちはどのようにその子どもに接するであろうか。大人は、子どもの性別または性別をイメージさせる外見から、**ジェンダー・ステレオタイプ**にしたがって、異なる働きかけを行うといわれる。有名な事例として、キャロル・シーヴィーらが一九七五年に行った、「赤ん坊X」という、被験者に赤ちゃんと関わってもらう実験がある。ジェンダー情報を示されたとき、被験者は、女の子には女性のジェンダー・ステレオタイプと結びついた人形を使い、男の子には男性のジェンダー・ステレオタイプと結びついたフットボールやジェンダーが中性であるプラスティック製の輪のおもちゃを使ってその子とかかわったという。ジェンダー情報を示されなかった場合、被験者は赤ちゃんの性別を推測し、握力が強く髪の毛が薄い子を男の子、優しさや弱々しさが感じられる子を女の子として扱ったという（ゴロンボク／フィバッシュ　一九九七）。

近年でも、子どもの性別による大人の扱いの違いはみられる。「赤ん坊X」実験から四〇年以上経った二〇一七年、ＢＢＣ（英国放送協会）は、子どものジェンダーとおもちゃに関する実験動画を公開した。その実験において、身体の性と異なる服を身につけ仮の名前をつけられた子どもと、それと知らない大人たちが、たくさんのおもちゃが並べられたプレイルームで共に時間を過ごす。大人たちは、「女の子」には人形などの柔らかいおもちゃを与え赤ちゃん人形を世話する遊びをさせ、「男の子」には積み木や車のおもちゃを与え体を高く抱き上げるなど大きい動きの遊びをさせていた。実験後、子どもの「もともとの」性別を聞かされた大人たちは驚き、自分の中のジェンダー・ステレオタイプや**アンコンシャス・バイアス**（無意識の偏見）に気づいたと述べていた。

このように子どもたちは、生まれたときから、日々の生活の中でジェンダーに関わる多種多様な情報に触れているのだ。

子ども向けメディアにみるジェンダー・ステレオタイプ

子どもたちが毎日のように接する、絵本やテレビ番組など子ども向けメディアはどうだろうか。概して、子ども向けにつくられているメディアには、女性の登場が少ないとされる。かつて筆者が行った子ども向けテレビ番組と絵本の内容分析（藤田 二〇〇三）では、女性と男性の登場比率はおよそ四対六であった。

また、登場人物の描写や物語に注目すると、ジェンダー・ステレオタイプがみられることがわかっている。筆者が絵本とテレビ番組について大人の登場場面と職業描写を分析した結果、女性は家庭内での登場が多く描かれ職業数も少なく、一方男性は家庭外での登場が多く職業数も多いというように、性別役割分業に基づく描写がみられることが明らかになった（藤田 二〇〇三）。また、物語中の役割をみると、主人公は男性が多く、女性は主人公以外の役を担っている。

このジェンダー・ステレオタイプは、時代によって変化する側面と維持されている側面がある。変化の例として、子ども向けアニメのひとつ、「プリキュア」シリーズが挙げられる。このシリーズは二〇〇四年放送開始の「ふたりはプリキュア」以来二一年間にわたり二一作品が放送されてきた。このシリーズでは、「ふたりはプリキュア」の「女の子だって暴れたい」のコンセプトや女性キャラクターの戦闘シーン、男性プリキュアの登場などにあらわれるように、一貫して、「男の子向け」戦うヒーロー対「女の子向け」変身ヒロインのイメージを破る試みが行われてきた。

一方、広告においては、現在もなおジェンダーへの配慮に欠ける表現のためにウェブ上で「炎上」する事例が相次いでいる。瀬地山角は、「炎上」した広告について、訴求対象（女性　対　男性）と炎上ポイント（外見・容姿　対　性役割）の二軸を用いて「女性×性役割：性役割分業の現状追認」「女性×外見・容姿：訴求層の分断」「男性×外見・容姿：訴求層の読み間違い」「男性×性役割：性役割分業の現状追認」の四象限に分類した。瀬地山は、性役割分業規範を追認し再生産してしまうような広告が繰返しつくられていると指摘している（瀬地山　二〇二〇）。

子どもたちは、絵本やテレビ番組といったメディアに触れることで、ジェンダーに関するメッセージを受け取っている。また、子どもたちは毎日のように、友達とテレビ番組の話をし、そのキャラクターになりきって遊ぶ。こうして子どもたちは、ジェンダー・ステレオタイプの抽象的な理解ができるようになる前に、それらをプレイ（実演）する経験を重ねているのだ。

子どもの遊びとジェンダー——女の子・男の子で異なる経験

子どもの遊びにおいても、女の子と男の子の比較が行われてきた。ここから、女の子と男の子は、遊びを通しても、ジェンダーによって秩序づけられた世界を経験する。

まず、遊びの性別構成について、年齢が高い子どもは同性集団で遊ぶ傾向がより強いといわれている。そして、女の子は「お母さんごっこ（家族ごっこ）」、男の子は「戦いごっこ」「サッカー遊び」など、遊びの内容が性別によって異なるといわれる（高橋ほか編　一九九六）。

ごっこ遊びは、幼児期における社会性の発達において重要とされる。子どもたちは、「家族ごっこ」や「戦いごっこ」などを通して、大人の役割を模倣しつつ、大人になってからの一定の社会的役割に向けた予行練習をしているのだろう。

ジョージ・ハーバート・ミードの自我発達理論においては、自我と他者の構造化のあらわれである「プレイ」（ごっこ遊びなど）の段階と、成員が自らの役割を理解して参加する「ゲーム」（球技など）の段階に分けられる（ミード　一九九五）。ミードの枠組みを用いて子どもの遊びの分析を行ったジャネット・レーバーによれば、男の子は女の子に比べ構造化された遊び（「ゲーム」）を好み、女の子は男の子に比べそれに参加する機会が少ないという（Lever 1978）。それは、子どもをとりまく社会的・文化的条件が女の子と男の子とで異なることと関連している。たとえば、男の子がサッカー遊びに興じる姿がよくみられるのは、男の子が女の子に比べてスポーツを奨励されることが多いからと考えられる。

遊びの内容が性別によって異なることは、遊びを通して経験することの違いにもつながっていく。そして、遊び経験の違いは、その後の社会性の発達に影響をおよぼすと考えられる。働き方に関する啓発書のいくつかは、幼少時の遊び経験が組織での行動と関わっていることを指摘している（たとえばハイム／ゴラント　二〇〇八）。男の子が好むというルールや役割が明確なゲーム遊びの経験が、成人後の社会生活で組織における行動のしかたと関連し、男性中心社会において有利に働いていると考えられる。女性の社会参加や男女共同参画がうたわれるようになって久しいが、それはいまだ十分に実現されているとは言い切れない。その背景のひとつに、一見楽しく遊んでいるだけのように思われる子ども期の経験も関わっているとするならば、問題の根はかなり深いだろう。

子どもたちの世界――幼児の相互作用にみるジェンダー

子どもたちは、ジェンダーに関わるさまざまな価値を、自らの生活にどのように取り入れ、どのように用いているのか。ここでは、筆者による幼稚園・保育園での観察調査（藤田 二〇一五）に基づき、子どもをジェンダー実践のエイジェンシー（行為体）として、つまり、ジェンダーを受動的に学ぶだけでなく、自らジェンダーに関わる行為を行う存在として考えてみよう。

筆者が幼稚園・保育園で出会った子どもたちは、園生活のさまざまな場面において、ジェンダー・ステレオタイプに基づくさまざまな実践の主体であった。

第一に、子どもたちは、遊びをはじめとするさまざまな活動の中で、しばしば「女の～」または「男の～」という記号を扱い、他者の行為をステレオタイプに適合しているかどうかを評価していた。子どもたちは、「異なる列」に並んだ子どもを保育者よりも早く注意することがあった。また、子どもたちは、持ち物や玩具の選択や使用をめぐるいざこざの中で、相手がジェンダーに照らして「不適切」な選択をしたことを指摘するために、「男」「女」というジェンダー・カテゴリーに言及していた。

第二に、子どもたちは、外見について男らしさ・女らしさなどの観点からステレオタイプ的なラベルを付与しようとした。たとえば、ある女の子は、スカートをはかずパンツを着用し、スニーカーを履き、薄化粧で髪を短くしていた筆者の外見を「女性らしくない」と評価し、「男」というラベルを付与しようとした。

第三に、子どもたちは、遊びを中心とする子ども同士の活動を支配するために、ステレオタイプに基づくジェンダー実践を行っていた。遊びの主導権をめぐる相互作用では、子どもの性別を問わず、男性性のイメージを誇示することによって遊びを支配しようという試みがみられた。たとえば、女の子三人が始めた「海賊ごっこ」は、途中から参加した男の子たちによって、「姫」役の女の子を「ろうや」に閉じこめ、「バクダン」を投げる暴力的な遊びに移行した（藤田 二〇一五）。

第四に、子どもたちは、遊びの中で、異性愛のディスコースを駆使していた。たとえば、女の子と男の子が頻繁に仲良く遊んでいると、「カレシ／カノジョ」「ケッコン」「ラブラブ」などといった異性愛関係を指す言葉で彼らの人間関係が語られることがしばしばあった。これらの言葉は、当の女の子と男の子が安定した交友関係を保っていることを指すばかりではなく、それをからかうときにも使われていた。

これらより、幼児もまた、ステレオタイプ的なジェンダー・ディスコースの使用と構築に主体的に関わり、ジェンダー実践を行っていることがうかがえる。

幼稚園・保育園の職員——ケアの担い手としての女性

日本は、一九八九年に合計特殊出生率が一・五七を記録した「一・五七ショック」以降、一九九四年の「エンゼルプラン」を皮切りに子育て支援策を次々に策定してきた。現在、少子化社会対策基本法

(二〇〇三)に基づき「少子化社会対策大綱」が策定されている。幼稚園や保育園は、就学前の子どもたちが家族や地域以外ではじめて社会生活を行う場であると同時に子育て支援の場としての役割が期待されている。そこで幼稚園・保育園職員(以下「保育者」)の構造をジェンダーの視点で検討する。

まず指摘できるのは、子どもの保育を担う保育士、幼稚園教員、保育教諭は圧倒的に女性が多いことである。二〇二二年の「賃金構造基本統計調査」より、保育士の男女比は女性九四・三%、男性五・七%であり、幼稚園教員・保育教諭の男女比は女性九五・一%、男性四・九%であることがわかる。

そして、女性保育者の勤続年数は短い。二〇二二年度「学校教員統計調査」によれば、幼稚園教員については女性の平均勤務年数は一〇・九年であり、男性の一九・〇年よりはるかに短い。ここから、女性保育者が比較的若い年齢で退職する構造の存在が推測できる(↓6働く)。平均給料月額も女性は二二万八九〇〇円、男性は三三万五八〇〇円である。ケアに関わる仕事に対する報酬の低さと関連していると考えられる(↓15ケアする)。

幼児教育・保育に関するデータからは、依然として女性が子どものケアの担い手であることが期待されていることがうかがえる。園で生活する子どもも、「ケアは女性の仕事」であると無意識のうちに学びとっていくだろう。

「子どもの貧困」とジェンダー

二〇〇九年度の「子どもの貧困率」が一五・七%であると公表(厚生労働省 二〇一一)されて以来、

子どもの貧困は、日本の政策課題である。その背景として、子どもの貧困が将来の社会損失につながることへの懸念が挙げられる。ジェームズ・ヘックマン（二〇一五）は、貧困や虐待などで環境に恵まれない子どもへの就学前の支援が、その子の将来の学業達成や所得などを好転させるなど長期的な効果があると論じた。経済協力開発機構（ＯＥＣＤ）は、それらの知見を踏まえ、質の高い幼児教育のためのプログラムを提言している。

子どもの貧困対策は「子どもの貧困率」や生活保護家庭や養護施設入所者の進学率の観点から論じられることが多い。これを、ジェンダーの視点からみてみよう。

「子どもの貧困率」（相対的貧困率）は世帯内での所得配分が均等であると仮定されているが、阿部彩（二〇一七）は、先行研究を踏まえ、世帯内（家族内）で所得の配分に格差が存在することを指摘している。たとえば子どもの性別による支出の配分が異なる、女性は子どもと家族のために支出する割合が高い、などである。

子どもへの教育期待のジェンダー差はその一例である。川口遼は、東京都内の親子を対象とする質問紙調査データの分析結果より、「男子は生活上の困難が深まっても本人と親の教育期待に直接の影響を受けないが、女子は生活上の困難が増すことが、教育期待に直接、負の影響を与える」（川口　二〇二〇）と指摘した。

このように、「子どもの貧困」においてもジェンダー問題が存在することがわかる。すなわち、貧困は子どものさまざまな機会を阻害するものであるが、それは女の子に対してより顕著にあらわれる、ということである。

「ジェンダーレス」の時代？――性別二元論を超えるために

社会におけるジェンダー・ステレオタイプやアンコンシャス・バイアスを見直し、「ジェンダーフリー」を推進することは、子どもが性によって制限されることなく、遊びを楽しむ機会ひいては未来を選択する機会を等しく保障されるために不可欠である。

ここで、あえて「男女を分ける」ことでジェンダー・バイアスを乗り越えようとする、興味深い試みを紹介しよう。ジェンダー・ギャップ指数が一〇年連続世界一位のアイスランドにおいて、毎日「男女別」の時間を設ける民間教育企業ヒャットリステフナン（Hjallastefnan）の幼児教育実践が注目されている（NHKハートネットTV 二〇二四）。この学校において、「男女別」の時間では、女の子は周りに遠慮して自分の活動を抑制することがなく、男の子は活動的であっても先生に叱られることがない。同じ日に、男女がペアで活動する「男女混合」の時間も設けられている。

この教育実践は、一見、「ジェンダーフリー」と相反するようにみえる。創業者のマルグレ・パラ・オラスドッティルは、「男女別クラス」の導入によって、男の子と女の子がそれぞれの文化の中で「ありのまま」でいて、互いが協力しあいながら共存し、互いに尊重しあうことを学ぶことを目指しているという。そのためには、「男女が平等に暮らすには、（中略）幼少期から自分らしく過ごすこと、そして社会が「男は、女は、こうあるべき」といった性別役割分担を押しつけないことが大切」であるという。

ヒャットリステフナンの教育を受けている子どもは、他の公立校の子どもよりもジェンダー平等意識が高いことが明らかにされている。また、子どもたちの集団においてはトランスジェンダーの子どもも自然に受け入れられているという。これらは、ジェンダー平等意識あるいは子どもの人権感覚を育むためには、一人ひとりを個人として尊重することが基盤となることを示唆している。

一人ひとりが尊重され自由に生きることを保障され、同時にジェンダー平等が実現されるために、私たちは何を行うべきであるか。日本社会の未来を支える幼児教育のこれからのあり方について、ジェンダーの視点からの議論が求められている。

（藤田由美子）

引用・参考文献

阿部　彩　二〇一七「「女性の貧困と子どもの貧困」再考」松本伊智朗編『「子どもの貧困」を問いなおす――家族・ジェンダーの視点から』法律文化社。

英国放送協会（BBC）二〇一七「女の子のおもちゃか男の子のおもちゃか　性別の実験」（二〇二四年一〇月二日取得、https://www.bbc.com/japanese/video-40959453）

NHKハートネットTV　二〇二四「特集　世界でもっとも男女平等な国2　世界が注目！　あえての〝男女分け〟幼児教育」（二〇二四年一〇月二日取得、https://www.nhk.jp/p/heart-net/ts/J89PNQQ4QW/blog/bl/pBevMkK

pEl/bp/pJQzv8z8gG/)

川口 遼 二〇二〇「子どもの貧困と二重のジェンダー化――貧困の影響における性別の交互作用」『首都大学東京子ども・若者貧困研究センター Working Paper Series』Vol.8。

厚生労働省 二〇一一「平成二二年国民生活基礎調査の概況」。

―――― 二〇二二「賃金構造基本統計調査」。

国立社会保障・人口問題研究所 二〇二三「現代日本の結婚と出産――第一六回出生動向基本調査（独身者調査ならびに夫婦調査）報告書」。

ゴロンボク、S／フィバッシュ、R 一九九七『ジェンダーの発達心理学』（小林芳郎・瀧野揚三訳）田研出版。

瀬地山 角 二〇二〇『炎上CMでよみとくジェンダー論』光文社新書。

高橋たまき・中沢和子・森上史朗編 一九九六『遊びの発達学 展開編』培風館。

ハイム、P／ゴラント、S・K 二〇〇八『会社のルール――男は「野球」で、女は「ままごと」で仕事のオキテを学んだ』（坂東智子訳）ディスカヴァートゥエンティワン。

藤田由美子 二〇〇三「子ども向けマス・メディアに描かれたジェンダー――テレビおよび絵本の分析」『九州保健福祉大学研究紀要』第四号。

―――― 二〇一五『子どものジェンダー構築――幼稚園・保育園のエスノグラフィ』ハーベスト社。

ヘックマン、J・J 二〇一五『幼児教育の経済学』（古草秀子訳）東洋経済新報社。

ミード、G・H 一九九五『精神・自我・社会』（デューイ＝ミード著作集六、河村望訳）人間の科学社。

文部科学省 二〇二二「学校教員統計調査 令和四年度（確定値）結果の概要」。

Davies, B. 2003(1989) *Frogs and Snails and Feminist Tales: Preschool Children and Gender, Revised Edition,*

Hampton Press.
Lever, J. 1978 "Sex Differences in the Complexity of Children's Play and Games," *American Sociological Review*, 43.

BOX1　男女という区分にうんざりする勧め

佐倉智美

トランスジェンダーとして性別移行を実践していて、あらためて痛感するのは、この社会が「男女」という区分を過剰に重用している事実だ。

むろん、性別違和を持つ者が性別移行前に苛まれる苦悩が、人を生殖にかかわる身体タイプを指標に「男女」に二分し各々に異なる規範を強いるという、この社会の秩序システムに由来するものだというのは、今さら言うまでもない。幼少期の遊び・玩具の選好然り。思春期の自己実現や対人関係、成人後の仕事をめぐる困難もだろう。公衆トイレの男女区分けを前に苦労せざるをえないことなど、トランスジェンダーの困りごととして語られる事象として鉄板だ。

だが、これらが一部の（と思い込まされている）性的少数者だけに生ずる問題だというのは本当だろうか。各人が「男女」のいずれのジェンダー属性を割り当てられるかは、その後の人生を大きく左右する。RPGにたとえるなら、選べるアイテムも起こるイベントも、まったく違ったものになるのだ。なのにゲーム開始時の初期設定の際にプレーヤーが自分で選べない、それが〈性別〉だ。ゲームを進めていくにつれ、不満足が生じるのは、むしろ万人にとって必然ではないだろうか。

そもそも出生直後に人が「男女」に仕分けられる規準として採用されている「生殖にかかわる身体タイプ」、これはただ単にそれだけの事柄でしかない。それを「男女」という文化的概念に接続しているのは、この社会の習慣にほかならないのだ。そして、私たちが日々の生活の中で営んでいる文化体系としての「男女」が、そのようにじつは生殖にかかわる身体タイプとは本質的には無関係なのだとしたら、私たちは、たとえどんな身体で出生しようとも、誰もがなりたい自分になり、やりたいことをして、望ましい親密圏を築いていけばよいはずだ。それが実現した世界線なら「女」や「男」といった語も、せいぜいたとえば「ギャル」「体育会系」「優等生タイプ」「不良っぽい」のような分類、あるいは当人が好んでいるファッションに基づいた「〇〇系」のようなカテゴリ程度のものに格下げになっていることだろう。

にもかかわらず現行社会はどうだ。〈性別〉は公的書類に登録され、個人を認証する不動の要素として重要視されている。ことあるごとに「男女」のいずれであるかが尋ねられ、その回答に応じて「じゃぁこの人は、コレについてはこうだろうし、ソレについてはあっちだろう」のように措定されてしまう。そんな決めつけから外れる自己像に対しては社会的逸脱行為としてスティグマが付与される。人と人との交流も男女で仕切られ、恋愛だけが両者が親密たりうる唯一の関係性として推奨されている。あまつさえジェンダー問題を考えるときにまで、男女区分を当然視した議論が少なくない。現実にコミットする必要も便宜上はあるにしても、人を男女で二分する体制こそが議論の俎上となるような現実を生み出している源泉ではないのか？　という慎重さは欲しい。だがＳＮＳなどでは「男女」の分断を強化し、対立を煽るような言説のほうが主流になってしまっている。もううんざりだ。

その意味で、トランスジェンダーの顕現が男女区分を揺るがすことで可視化したものは、まさしくジェンダー問題の核心だ。その奥におそらくラスボスがいる。残りの紙幅では要点しか記せないが（拙著『性別解体新書』二〇二一年、現代書館等に詳述）、つまりは、「男女」の違いは絶対不変の世界の真実として在るのだからさまざまな事物を性別で区分しなければならない……のではなく、性別による区分で物事を秩序立てている社会システムを維持するために「男女」という概念が創作され世界に遍く敷設されている、ということなのだ。

このような視角を持つことが、社会学の知見を活かしてジェンダー問題を考えることであり、逆にまさにジェンダー問題をつうじて社会学を学ぶということにもなるだろう。まずは一人ひとりが「男女」区分と懐疑的に距離を置いてみよう。そして、それでも押し寄せてくるその物量に辟易したとき、新たな何かが拓けるはずだ。


（さくら　ともみ　作家、甲南大学非常勤講師）

2　学ぶ——教育におけるジェンダー平等を考える

制服とジェンダー

学校制服はなぜ男女別なのだろうか。制服は、詰襟金ボタンの学生服とセーラー服、ズボンとスカートといった男女の区別が明確であることが多い。「女らしい／男らしい」身体やふるまいについて、つまりジェンダーに関する意味作用が働いている。だが、近年そうした二分法ではなく、個々人の選択を重視する動きが進んでいる。たとえば、ブレザー・スタイルに統一し、ボトムをスカートかズボンか個々に選択できるシステムを取り入れる学校が増えている。

男女の生き方が多様化するとともに、「男らしさ／女らしさ」に関する人々の意識が流動化することで、男女別制服の強制が疑問視されるようになってきたのだろう。また、生まれた時に割り当てられた性別に違和感をもつ個人の尊重という観点からも、性別の制服が見直されるようになってきている。

このような変化はみられるものの、二一世紀の現在においても子どもたちを平等に扱う場であるべき学校で性別によって異なる扱いが存在しているのではないか。この章では、教育のプロセスにおけるジェンダー平等（gender equality）について考えてみよう。

学校教育におけるジェンダー格差

かつては、高等教育は男子にふさわしいものだと考えられ、男女別学・男女別カリキュラムが制度化されていた時代もあったが、第二次世界大戦後、教育制度は男女平等化され、大学に進学する女子の数は年々増加してきた。「女に教育は必要ない」といった性差別的な考え方は、すっかり時代遅れのようにみえる。

しかし、今もなお、進学状況における**ジェンダー格差**（gender gap）は残存している。以下、二〇二二年度の学校基本調査（文部科学省）のデータからその状況を確認しよう。短期大学や専修学校専門課程などを含めた高等教育進学率では男子八〇・七％に対し、女子八七・一％と女子の方が高い。だが、四年制大学への進学率をみると男子五九・七％、女子五三・四％であり、六・三ポイントの差がみられる。このジェンダー間格差は三〇年前（一九九二年時点一七・九ポイント）からすれば大きく縮小しているが、この一〇年ほど六～八ポイントの格差が残ったままである。また、近年高まっている大学院進学率をみると、男子一五・一％に対して女子は六・四％にとどまり、この八・七ポイントという格差は、三〇年前の五・一ポイントからむしろ拡大している。

高等教育の専攻分野についても、女子と男子とでは傾向が異なる性別分化（gender differentiation）がみてとれる。人文科学系や家政・教育・芸術関係の学部では女子の比率が高い一方、社会科学系、理学・

工学系の学部では男子の比率が高い。グローバルに注目されているＳＴＥＭ（Science, Technology, Engineering, Mathematics）分野、日本ではいわゆる「理系」と総称されることが多い科学技術分野への女性の進出は、日本は他国と比較してとくに遅れているといわれる（河野・藤田編 二〇一八）。

学力と生来的な性差

こうしたジェンダー格差や性別分化はなぜ生じるのだろうか。教育達成におけるジェンダー格差を説明する議論のひとつが、脳などにおける生来的な性差にその理由を求めるものである。脳の性差に関しては解明されていない未知の領域が大きいにもかかわらず、最先端の脳科学における知見の断片が、ステレオタイプの「男らしさ／女らしさ」をすべて説明する根拠のように紹介されることもめずらしくない（カプラン／カプラン 二〇一〇、ジョエル／ヴィハンスキ 二〇二一）。

脳の性差論と結びつく定説のひとつとして、「言語能力は女性、空間把握能力や理数的能力は男性がすぐれている」というものがある。だから、高等教育における理系分野への進学者は男子に多く、文系分野への進学者は女子に多いというのだ。

国際的な学力調査は各国の比較やランキングの観点から注目を集めているが、能力の性差という点でも興味深いデータを提示してくれている。たとえば、一五歳児を対象に二〇〇〇年以降三年ごとに実施され、回を追うごとに参加国を拡大してきたＯＥＣＤ「生徒の学習到達度調査（ＰＩＳＡ：Programme for International Student Assessment）」では、読解能力に関してほぼすべての国で女子の成績が圧倒的な優位を示し、数学的能力に関してはおおよそ半数の国で男子の成績が優位だが、女子優位の国も少なくないという結果が出ている（OECD 2023）。

この結果について、「男子は理系、女子は文系」という定説を裏づけると解釈することもできるが、数学的能力の性差に関して一貫した規則性を確認できない証左とすることもできる。これまで八回の調査結果を時系列で追うと、ひとつの国の中でも相当な変化がみられ、性差を示す数値が相対的・流動的なものであることが示唆されている。ＰＩＳＡ調査のＯＥＣＤによるさらなる分析では、数学の成績における性差は生徒たちの自信や動機づけにみられる性差を反映しているとの指摘もなされている。つまり、学力は教育や社会環境の改善によって変化しうるということだ。だからこそ、女子の科学技術分野の能力開発は、今や国際的な教育課題とみなされている。また、読解能力における男子の「劣位」についても、男子の学力向上を目指す動きが活発化している。

「かくれたカリキュラム」とジェンダー

学校は、社会で有用とされる知識や技能を身につけさせる場である。そうした学校機能を前提として、学校で教えられるべきとされる知識は、特権的な地位を有している。学校という権威によって正統化された知識や文化におけるジェンダー・バイアスをみていこう。

社会学的に教育を分析する研究領域においては、学校にはフォーマルなカリキュラム以外に、暗黙のうちに共有された潜在的なカリキュラムがあることが注目されてきた。学校生活において子どもたちは、フォーマルなカリキュラムだけでなく、「かくれたカリキュラム」と呼ぶべき、学校文化に特徴的なメッセージの体系を学んでいる。たとえばそれは、児童や生徒としてふさわしい行動はどのようなものかというメッセージであったり、成績の序列に関するメッセージであったりする。

このような「かくれたカリキュラム」の中には、ジェンダーに関するメッセージも含まれている。日本の学校教育でジェンダーに関する「かくれたカリキュラム」の代表的な例は、名簿である。現在では多くの学校が男女混合名簿を使用しているが、二〇世紀末まで小学校から高等学校までの学校で使われる名簿は男子から先に並べた男女別の形式が一般的であった。近年では変化しつつあるが、かつては名簿だけでなく、男女を分けて男子を優先する慣習を踏襲する学校は多かった。

男女の分離や、単なる順番としての男子優先ではなく、より明確に性別のステレオタイプ・イメージ（先入観にもとづく固定的な考え方）に依拠した慣習もいたるところに見られた。たとえば、学級委員や児童会・生徒会の役員を選ぶとき、リーダーの役割は男子で、その補佐役割は女子。係を決める場合には、重いものを運ぶ仕事は男子で、美化や行事の接待係は女子。スポーツは「男らしさ」と結びつき、女子は男子の体育系クラブのマネージャーとして雑用・世話係を引き受ける。固定的な性役割や「らしさ」イメージは、学校生活のいたる場面に浸透していることが、ジェンダーと教育研究の中で指摘されてきた。

子どもたちにとって重要な社会化モデルである教員の性別構成もまた、ジェンダー・イメージ伝達の一端を担っている。幼稚園から大学まで学校段階が上がるにつれて、女性優勢から男性優勢へと、教員の男女比はあざやかに逆転していく。また、校長・教頭など学校管理職に占める女性の比率は近年増加しつつあるとはいえ、どの学校段階においてもきわめて少ない。数学や理科など理系の教科や社会などの社会科学系の教科では圧倒的に男性教員の比率が高く、家庭科や養護教諭については、そのほとんどが女性教員である。女性は教員世界のヒエラルキーの下部を支え、女性の家庭役割と結びついた教科を担当する実態が、社会のひな形として子どもたちの眼前に広がっている。

教師と生徒の相互作用にみる男子の優位性

学校生活における教師と生徒のやりとりの中にも、ジェンダーの問題が見出される。欧米ではジェンダーの観点から教師と生徒の間の相互作用を観察した実証的研究が数多くなされ、それらの多くが、教師と生徒の相互作用には子どもの性別によって違いがあることを明らかにしている。日本においても、欧米にならって同様の調査が行われ、類似の結果が見出されている（木村涼子　一九九九、木村育恵　二〇一四）。

まず、教師からの子どもたちに対する働きかけについては、女子よりも男子の方が注目されており、より多くの賞賛や叱責、援助を受ける傾向があることが、多くの調査によって明らかにされている。子どもたち自身の活動についても、男子の方が授業中により活発に発言し、議論に参加している。教師との相互作用において男子が優先される傾向を背景として、積極的に発言する行動的な女子生徒以外、多くの女子は一部の男子のように騒ぎを起こしたりすることもなく、良くも悪くも教師の注目を引くことが少ない。そうした「おとなしい」女の子たちは、教室の中で目立たない存在となりやすいのである。

また教師は、女性と男性に対するステレオタイプ・イメージに基づいて、生徒たちを評価し指導を行う。たとえば教師には、生徒のもつ個性の多様性に目を向けるよりも、女子生徒は「従順だが、陰湿」、男子生徒は「自立心はあるが、乱暴」といったステレオタイプでとらえる傾向がある。また、いわゆる「女らしさ」「男らしさ」概念に適合する子どもとそうでない子どもというカテゴリーで生徒たちを類型化して認識し、女性・男性として「典型的でない」生徒を「異常」な存在として問題視することもある。とりわけ、「めめしい」と定義された男子生徒は、教師から疎んじられるという。

学校ではともに学びつつも、女子と男子とでは異なる現実世界を経験している。性別二分法とステレオタイプを強調する環境は、性別違和（性別不合）やＬＧＢＴＱなど、セクシュアル・マイノリティの子どもたちにとって生きにくい世界であることもまた軽視できない問題である。

性別によるトラッキング

学校において子どもたちは学業達成を奨励されるが、女子は理系分野への進学や大学卒業後のさらなる大学院進学に向けての達成意欲を冷却（cooling down）させられる経験を積む。一方、男子は学歴主義のプレッシャーを受けて、その達成意欲は直線的に高揚（warming up）されがちだ。少子化の現代では、女子にも高学歴を求める風潮が高まり、学業達成意欲における男女の非対称性は崩れつつあるといわれるが、それは社会経済的に高い社会階層に限定的にみられる傾向にすぎないとの見方もある。

男女ともに各自の適性や希望だけではなく、固定的なジェンダー・イメージによって、女子向きコース、男子向きコースへと方向づけられていく。アメリカのハイスクール研究は、「進学コース」「就職コース」といった学校内のコース分けによって進路選択のオプションが制約される状況を、**トラッキング**(tracking) と呼んでいる。日本の学校教育は、高校間格差に代表される学業成績にもとづくトラッキング・システムとともに、男女という性別によって進路選択の可能性を規制するトラッキング・システムを内包しているといえよう。

以上でみてきたような「かくれたカリキュラム」や教室での男性優位は、こうした性別のトラッキングを支える機能を果たしているだろう。

体育やスポーツにおける男らしさ

学校体育や運動部活動にはより高いパフォーマンスを競い合う競技スポーツ文化が内包されている。第二次性徴期以降、平均的にみて女子よりも筋肉が発達する男子は、速さや強さを競う記録主義的なスポーツにおいて中心的位置づけを得る。また、体育とりわけ運動部系の部活動は競争と鍛錬を通じて、規範も含めて心身ともに一人前の「男」に鍛え上げるプログラムという側面をもっているといわれる（飯田・井谷編　二〇〇四）。

だからこそ、体育やスポーツの領域では「男子に厳しく、女子に甘い」というダブル・スタンダードが観察される。男子は選手として血のにじむ努力をして闘い、女子はマネージャーやチアリーダーとして応援やサポートをするといった役割分担が生まれる中で、スポーツが苦手な男子は期待される役割が果たせず、肩身の狭い思いをすることになる。

「男らしい」男同士の**ホモソーシャル**（homosocial）（セジウィック 二〇〇一）な関係性を重視するスポーツ文化には、**ミソジニー**（misogyny 女性に対する嫌悪・蔑視）と**ホモフォビア**（homophobia 同性愛や同性愛者に対する嫌悪・恐怖）が潜んでいるとの批判もある。ホモソーシャリティは特権的な男同士の関係性であるがゆえに、「劣った存在」である女性や、男らしさの源泉である異性愛に背く男性同性愛者を排除しようとする。社会学的なスポーツ研究の成果として、こうした「男らしさ」にまつわる文化を変革することは、「体育嫌い」を減らし、より多くの児童生徒が楽しめる学校体育の構築に不可欠だとの指摘がなされている。

性のダブル・スタンダードと異性愛絶対主義

もうひとつ、ジェンダーやセクシュアリティの観点から欠かせない教育内容として性教育を取り上げよう。現在、日本のフォーマル・カリキュラムにおいて、十分に体系立った性教育カリキュラムは構築されていない。性交や避妊について積極的に教えることを禁じる傾向があり、国際的にみて日本の性教育事情は立ち遅れている。学習指導要領の「はどめ規定」（小学校理科や中学校保健体育において「人の受精に至る過程／妊娠の経過は取り扱わないものとする」との規定）などが、十代の子どもたちにとって必要な性教育の展開を阻んでいる。

近年懸念されているのは、子どもたちがインターネットを通じて、間違った情報や扇動的なコンテンツによって、性に関する知識欲を満たしているのではないかという点である。インターネット上に性情報があふれている一方で、HIV／AIDSや性感染症に関する正確な知識、デートDVや子どもへの性的虐待を防ぐための教育、**セクシュアル・リプロダクティブ・ヘルス／ライツ**（性と生殖に関する健康と権利　Sexual and Reproductive Health and Rights：SRHR）の視点など、本当に必要な情報が届いていないのではないかということも危惧される。

インターネットやマスメディア上はもちろん、学校で性教育実践がなされる場合も、男性の性的衝動には寛容で女性に自衛を求める性規範や、異性愛以外を排除する考え方に満ちたものであれば、それらの情報の摂取・学習が個人に抑圧的な影響を及ぼす場合もある。

ジェンダー平等およびSOGI（性的指向およびジェンダー・アイデンティティ）の多様性を尊重する視点を基本に、セクシュアリティを人間の生き方全般に関わるものとしてとらえる包括的性教育（Comprehensive Sexuality Education: CSE）の提唱がグローバルな流れとなっている（樋上・艮・田代・渡辺　二〇二二）。日本の学校教育の課題のひとつは、そうした先進的な性教育をいかに取り入れていくのかという点にあるだろう。

ジェンダー平等のための教育

最後にジェンダー平等の実現と学校教育の関係を考えたい。ジェンダー格差やジェンダー・バイアスの改善という視点に加えて、ジェンダーの境界線そのものがゆらぎつつあることを踏まえた教育施策や教育実践が求められる。それらには、二つの道筋がある。

まずは、教育環境をジェンダーの視点からより良いものにしていくことだ。冒頭で取り上げた制服のみならず、「男／女」の二分法や異性愛主義を絶対的なものとして強調する「かくれたカリキュラム」を見直すことは、どのようなジェンダー・アイデンティティやセクシュアリティをもっているかにかかわりなく、すべての人の個性や自由が尊重される環境づくりに役立つはずだ。

次に、ジェンダー平等およびジェンダー／セクシュアリティの多様性を尊重する視点から、現代社会の課題に関して学び、権利や自由とは何かについて考える教育内容・学習方法をつくりあげていくことが求められる。ジェンダーやセクシュアリティに関する抑圧や不平等と向き合う力をつちかうための教育理論、たとえば、フェミニスト・ペダゴジーなどの理論は、この半世紀、国内外でさまざまに発展してきた（虎岩　二〇二三）。

これらの二つの道筋には、いずれもフェミニズムやセクシュアル・マイノリティの権利擁護の運動が寄り添っている。多角的な視野をもった実証的な社会学研究によって、その妥当性や意義が検討されていくことが望まれる。

（木村涼子）

引用・参考文献

飯田貴子・井谷惠子編　二〇〇四『スポーツ・ジェンダー学への招待』明石書店。

カプラン、P・J／カプラン、J・B　二〇一〇『認知や行動に性差はあるのか――科学的研究を批判的に読み解く』（森永康子訳）北大路書房。

河野銀子・藤田由美子編　二〇一八『新版　教育社会とジェンダー』学文社。

木村育恵　二〇一四『学校社会の中のジェンダー――教師たちのエスノメソドロジー』東京学芸大学出版会。

木村涼子　一九九九『学校文化とジェンダー』勁草書房。

木村涼子編　二〇〇九『ジェンダーと教育』日本図書センター。

ジョエル、D／ヴィハンスキ、L　二〇二一『ジェンダーと脳――性別を超える脳の多様性』（鍛原多惠子訳）紀伊國屋書店。

セジウィック、E・K　二〇〇一『男同士の絆――イギリス文学とホモソーシャルな欲望』（上原早苗・亀澤美由紀訳）名古屋大学出版会。

虎岩朋加　二〇二三『教室から編みだすフェミニズム――フェミニスト・ペダゴジーの挑戦』大月書店。

樋上典子・艮　香織・田代美江子・渡辺大輔　二〇二二『実践　包括的性教育――『国際セクシュアリティ教育ガイダンス』を活かす』エイデル研究所。

OECD 2023 “PISA 2022 Results(Volume I) : The State of Learning and Equity in Education.”

3　語る——ことばが変える社会

ことばには、今ある社会のかたちを維持するだけでなく、社会を変化させる力がある。社会が変わったからことばが変わる場合だけではなく、ことばが変わることで社会が変わる場合があるのだ。本章では、私たちが、ことばを創造的に使って、社会によって形作られるジェンダーやセクシュアリティを変化させていくプロセスをみていこう。

「女ことば」や「男ことば」は、性差を強調するための概念だ

女らしさや男らしさを表現する言葉づかいの筆頭は、**女ことばと男ことば**だろう。典型的には、高い声は女らしさに、低い声は男らしさに結びつき、「あら、まあ」は女性、「おい、こら」は男性の感嘆詞だといわれる。文末詞では、「だわ、ね、かしら」は女性、「ぜ、ぞ」は男性。人称詞は、「あたし」は女性、「おれ、おまえ、きみ」は男性。「おなか、すいた」は女性、「腹、減った」は男性の表現なので、「あたし、お腹すいたわ」は女性の発言で、「おれ、腹減ったぞ」は男性の発言だとみなすのが常識とされてきた。しかし、実際に使われていることばを分析してわかったのは、私たちは、時と場合に応じて、

さまざまなことばを使い分けており、話し手の「性」だけに基づいて「ことばの性差」を抽出することなど不可能だということだった。

それだけではない。面と向かった会話と、マンガや映画、小説などのフィクションの言葉づかいを比較したところ、フィクションの会話の方が女／男ことばを頻繁に使っていることがわかった（水本 二〇一〇、中村 二〇一三）。つまり、典型的な女／男ことばが使われるのはフィクションの会話であり、フィクションが「日本語には、女／男ことばがある」という幻想を維持していたのだ。女／男ことばは、実際に使われていない抽象的な概念だった（中村 二〇一二）。

そう考えると、女／男ことばという概念が「男女は言葉づかいの点でもこんなに違う」と、あたかも性差がもっとも重要な人間の区別であるかのようにみせかけている装置のひとつであることがみえてくる。むしろ、私たちは、女／男ことばを、アイデンティティを表現する材料のひとつとして見直す必要がある。

アイデンティティとことば――本質主義と構築主義

ことばとアイデンティティの関係は、大きく本質主義と構築主義に分けて理解することができる。これまでは、話し手にはあらかじめ特定のアイデンティティが備わっていて、話し手は、そのアイデンティティに基づいて特定の話し方をすると理解されていた。ある人が女ことばを使うのは、「女らしいから」あるいは「女だから」といわれた。このように、アイデンティティをその人にあらかじめ備わっている属性のようにとらえて、人はそれぞれの属性に基づいてことばを使うという考え方を**本質主義**と呼ぶ。

しかし、本質主義では説明のつかないことがたくさん出てきてしまった。もっとも大きな問題は、先にも触れた、人は誰でもそれぞれの状況に応じてことばを使い分けているという事実だ。同じ人でも、家庭と学校での言葉づかいは異なるし、同じ学校でも、話す相手や、場所、目的によっても異なる。私たちが、あらかじめ持っているアイデンティティに基づいて特定の話し方をすると考えると、このようにことばを使い分けていることを説明することができない。

そこで提案されたのが、アイデンティティを言語行為の原因ではなく結果ととらえる**構築主義**（「社会構築主義」とも呼ばれる）である。私たちは、あらかじめ備わっている〈日本人・男・大学生〉という属性に基づいてことばを選択するのではなく、人と関わりあう中で自分のアイデンティティを作り上げる。「日本人だから」「男から見ると」「大学生らしく」などと言う行為が、その人をそのとき〈日本人〉〈男〉〈大学生〉として表現すると考えるのだ。

アイデンティティは、人種や国籍、年齢、職業などに関わる部分から成っており、そのうち、女らしさや男らしさに関わる部分は、**ジェンダー・アイデンティティ**と呼ばれる。各々の部分は複雑に関連しているので、ジェンダー・アイデンティティも多様だ。中年男性の男らしさと大学生の男らしさが異なるように、女／男らしさも二つだけではなく、年齢や職業、人種や会話における立場によって多様になる。

女／男ことばも、女／男らしさ全体ではなく、特定の女／男らしさ、たとえば、〈丁寧で従順な女らしさ〉や〈豪快で積極的な男らしさ〉と結びついている。話し手は、女性も男性も、この結びつきを利用して、先に挙げた感嘆詞や人称詞、文末詞を、自分のアイデンティティだけでなく、さまざまな人物のアイデンティティを描写するときに利用している。

構築主義によれば、ことばは、ファッションやしぐさなどと同様に、アイデンティティを表現する材料（資源）のひとつだとみなされる。アイデンティティを表現する材料としてのことばは、**言語資源**と呼ばれる。

しかし、女／男ことばの例でみたように、今ある言語資源には問題も多い。それは、ことばが社会の権力関係や考え方を反映している場合が多いからだ。一方で、言語資源は、使われることでつねに変化する。以下では、言語資源の制限を乗り越えて、ことばが社会を変化させた例、現在進行形で社会が変化している例、そして、ことばを変化させる必要のある例の三つをみていく。

「セクハラ」――ことばが社会を変えた

ことばが日本社会を変化させた典型例は「**セクハラ**（セクシュアル・ハラスメント）」だ（中村　二〇二四）。二〇二〇年代の現在では、ほとんどの人がこのことばを知っている。しかし、「セクハラ」が日本にもたらされたのは、ほんの四〇年前の一九八〇年代である（丹羽　二〇一〇）。

「セクハラ」ということばがないときには、職場で体を触ったり、いやらしい冗談を言う人がいても、何が起こっているのか理解することすら難しかった。

しかし、「セクハラ」が普及した現在では、「これはセクハラだ」と出来事を理解することができる。そして、「わたしはセクハラの被害に遭っている」と人に相談できる。また、相手に「これはセクハラです。やめてください」と言う可能性も出てくる。さらに、「セクハラ」という加害行為として裁判に訴えることもできるようになった。

もちろん、ことばが普及したからといって、セクハラがなくなったわけではない。では、「セクハラ」は何を変えたのか。それは、〈権力関係を利用した性的な嫌がらせ〉という考え方を提案したことだ。それまでの職場は、部下が上司の指示に従うことで回っていた。しかし、「セクハラ」は、たとえ上司でも、性的嫌がらせのような、部下の人権を侵害する行為は許されないことを明確にした。

このように、新しいことばは、直接社会を変えるのではなく、新しい考え方を提案することで間接的に社会を変えていく。この「新しいことば」→「新しい考え方」→「社会変化」という仕組みを理解すると、ことばの重要性がみえてくる。

「セクハラ」が普及した結果、「アカハラ（アカデミック・ハラスメント）」や「パワハラ（パワー・ハラスメント）」など、同じ〈権力関係を利用した嫌がらせ〉を指すことばが提案された（上野 一九九七）。なかでも「パワハラ」は、誰もが加害者として糾弾される可能性を示した。これまでは、権力のある人が問題視され、権力のない人は加害者になる心配がなかった。しかし、権力は、特定の人が所有しているのではなく、さまざまな人間関係の中に遍在している（フーコー 一九八六）。部活でも、もっとも権力があるのは監督かもしれないが、上級生が下級生に嫌がらせをする場合もある。大切なのは、誰もがハラスメントを行う可能性があることを認めることだろう。

「セクハラ」以外にも、新しいことばは新しい考え方を普及させてきた。夫婦間の暴力を指す「ＤＶ」（家庭内暴力）や恋人間の暴力を指す「デートＤＶ」は、それまで他人が介入できないとみなされていた私的な領域の暴力を明らかにした。また、「売春」「売春婦」に対して提案された「買春」「買春夫」ということばは、性行為を金銭によって「買う」男性に焦点を当てた。同じように、「性被害」ではなく「性加害」を使うことは、加害者の行為を強調する。

若い読者にとっては、これらの「ことば」があるのは当たり前かもしれない。しかし、これらのことばが社会に認められたのは、人間の尊厳を奪われた人たちを支えるために、多くの人々が闘い続けたからだ。「ことば」は自然に生まれるのではなく、ときには勝ち取る必要があるのだ。

そのような活動のひとつが、「明日少女隊」の広辞苑キャンペーンだ（https://tomorrowgirlstroop.com/二〇二三年一〇月一四日取得）。明日少女隊は、二〇一五年に結成された匿名で活動するアーティスト集団だ（竹田　二〇二一）。伝統ある国語辞典『広辞苑』の「フェミニズム」と「フェミニスト」の定義に疑問を持ち、二〇一七年に『広辞苑』の出版社である岩波書店に、この二つのことばの説明を書き換えるよう求める公開書簡を送り、オンライン署名を開始した。

『広辞苑　第六版』（二〇〇八年刊行）の「フェミニズム」の説明には以下のようにある。

女性の社会的・政治的・法律的・性的な自己決定権を主張し、男性支配的な文明と社会を批判し組み替えようとする思想・運動。女性解放思想。女権拡張論。

これに対し、明日少女隊は、「フェミニズムが「性別間の平等」を求める思想であることを明記してください」と訴えた。

二〇一八年に刊行された第七版は、「フェミニズム」の定義を以下のように変更した。

女性の社会的・政治的・法律的・性的な自己決定権を主張し、性差別からの解放と両性の平等とを目指す思想・運動。女性解放思想。女権拡張論。

この変更が、明日少女隊のキャンペーンの結果かどうかはわからない。出版社は、明日少女隊に公的な返答はしていないからだ。明日少女隊は新しい定義にも問題があることを指摘して、今後もキャンペーンを続けることを表明している。若い女性たちの活動が辞書の定義に影響を与えた可能性は心強い。

「マジっす」——話し方が人間関係を変える

言葉づかいが、現在進行形で人間関係を変化させ、社会を変えている例に、一九九〇年代から若い男性が使い始めた「マジっす」という話し方がある。「マジです」の「です」を「す」と縮めた表現だ。

「です」は敬語の一種だ。たとえば、「八時です」や「行きます」と言ったときの「です・ます」は**丁寧体**と呼ばれ、話している相手への敬意を表現すると考えられている。一方、「八時だ」や「八時」のように、「だ」や何も付けない言葉づかいは**普通体**と呼ばれる。

丁寧体と普通体には、さまざまな違いがあるが、話し手同士の上下関係と親疎《しんそ》関係（相手との距離感）に関しては、まず、丁寧体を使うことは、相手に敬意を表すことで、自分が相手より〈下〉である関係を表現すると同時に、相手と距離のある関係を作り出す。一方、普通体を使えば、相手との距離は短くなるが、相手に対する敬意は薄くなる。

この用語法には、相手に敬意を表現したいが、距離のある関係を作り出したくない場合に適当な言い回しがないという問題がある。先輩には「です」を使って敬意を表現したいが、「です」ばかりで「いつまでも、なじまない奴」と思われたくもない。これまで私たちは、丁寧体と普通体を混ぜたりして、この問題に対処してきた。

しかし現代では、相手との距離感がますます重視されている。一九九六年の国語審議会報告書も、日本語の話し手が上下関係よりも親疎関係を重視して敬語を使うようになったと指摘している（文化庁編一九九六）。その結果、敬語も、上下関係より親疎関係から解釈される場合が増えた。「です・ます」の丁寧体で話すと、「壁がある」といわれかねなくなってしまったのだ。

ここで困ったのは、上下関係の厳しい体育会系の集団にいる人だ。いくら親疎関係を重視するといっても、このような集団では、先輩や指導者に敬意を表すことが求められるからだ。

この不足分を埋めたのが、親しさを表現しながら敬意も表現できる「す」だ。実際、体育会系クラブに所属する男子大学生の先輩と後輩の会話を分析した筆者の調査では、①後輩は先輩だけに「す」を使い、先輩は後輩に「す」を使わない、つまり、「す」は敬語として使われている、②「す」にはさまざまな意味があるが、〈親しい丁寧さ〉が中心的な意味であることがわかった。ちょうど、丁寧体と普通体の中間のような使い方だ。そこで私は、この言葉づかいを「ス体」と名付けた（中村 二〇二〇）。

「ス体」は一九五〇年代から使われているが、距離感が重視されるようになった一九九〇年代に、上下関係に基づく集団の男性が使い始めた。その証拠に、女性も体育会系のように上下関係の厳しいところから使い始めている。現在では、〈親しい丁寧さ〉以外にも、〈後輩らしさ〉〈軽さ〉〈ユーモラスさ〉なども表すようになり、一般の若い女性にも広がっている。

女性が使う「ス体」には、女ことばと結びついた〈丁寧で従順な女らしさ〉とはまったく違う、「男性との関係からだけではなく、むしろ、女性自身の生き方や感じ方から描写」される女性像が表現されていることが多い。たとえば、二〇一二年のスポーツ飲料のCMでは、綾瀬はるか演じる女性が、陶芸やゴルフ、砂風呂を他の女性たちと楽しみながら「今日も充実っす」と連呼している（中村 二〇二〇）。CM制作者は、男性の評価を気にしない新しい女性像の描写に「ス体」を利用しているのだ。

「ス体」が社会に与えるインパクトは、主に二つ考えられる。ひとつは、上下関係よりも親疎関係を重視する傾向をますます加速させること。もうひとつは、女／男ことばによるジェンダーの区別を超えて、新しい女らしさや男らしさを提案する可能性があることだ。

男女別自称詞――ことばの「常識」に苦しむ

変化させる必要のあることばの典型例は、男女別自称詞だ。日本語にはたくさんの自称詞があるが、もっとも一般的な自称詞は男女別だ。

男女別自称詞は常識になっている。小学校の国語教科書をみると、例外なく、女子は「わたし」、男子は「ぼく」を使っている（中村　二〇二二）。しかし、この常識のために、女性と性的マイノリティが、自分を呼ぶことばに困っていることは見逃されがちだ。

まず、女児は「わたし」を使いたがらない。守秀子（二〇一五）が、五歳児の自分の呼び方を観察したところ、男児は六五％が「おれ、ぼく」を使い、名前や愛称は三一％だった。一方、女児は「わたし」が三五％で、名前や愛称が六三％と自称詞を使う割合が少ない。守は、その理由を、「わたし」は大人の男女も使うためにフォーマリティが高く、この時期の女児のアイデンティティを表現しにくいからだと指摘している。

そのため、小中学生女子の中には「うち、ぼく、おれ」を使う人もいる。しかし、「ぼく」を使うと先生に直される。「作文で「ぼくは〇〇しました」って書いたら、「女の子は「わたし」を使いましょう」って先生に直されたよ」（『CHANTO WEB』　二〇二二）。

さらに、大人の女性が「ぼく」を使うと批判される。タレントの最上もが（当時三一歳）は、二〇二〇年に、妊娠したが結婚の予定はないことを報告。この報告に対する批判に対して、「ぼくは望んで妊娠していますと反論。これに対して、「母親のくせして僕とかいってんの？」や「娘さんが自分のこと僕っていうようになったらいじめられるのでやめた方がいいですよ」などの反応があったため、無理矢理「私」に変えたそうだ。その結果、「つまらない人間になったなあとは思うよ～」と吐露している（『日刊スポーツ』二〇二二）。

誰が自分をどう呼ぼうと、いじめるのは間違っている。それでも親としては譲歩せざるを得なかったのだろう。「つまらない人間になった」という感想からは、自称詞がその人にとってどれだけ大切なことばなのかが伝わってくる。

性的マイノリティの場合は、より深刻だ。樹さん（仮名、大学四年生）は、幼少期から身体の性が女性であることに苦しんでいた。ところが、保育園で披露する劇の台詞は、男子は「ぼく」で女子は「わたし」。先生に「わたし」と言いたくないと話すと、「おうちの人がたくさん観に来るから、せめて「うち」にして」と懇願され「うち」で劇を行ったという。そして、このとき、「自分はまちがっているんだ」と思ったそうだ（永田　二〇二二）。

古怒田望人／いりや（二〇二一）は、中学から「男でありきれない」自分の身体に嫌悪を感じるようになったが、高校、大学では、「僕」ではなく、アニメなどの中性的キャラクターの「ボク」を意識して使うようになり、身体への嫌悪が和らいだという。ここでも、自称詞の大切さが伝わってくる。

よく考えると、男女別自称詞は子ども自身に、自分を「女か男か」に分類させる働きをしている。ひるがえって、「人間は女か男のどちらかだ」というのは、異性愛の大前提である。つまり、男女別自称詞は、異性愛が唯一の自然で正しい性愛関係だとみなす**異性愛規範**を子どもにたたき込む働きをしているのだ（カメロン／クーリック　二〇〇九　↓4 愛する）。異性愛でない人や性別違和を感じている人が違和感を持つのは当然だ。

男女別自称詞は、保育園児に「自分はまちがっている」と感じさせてまで守らなければならない常識なのだろうか。自分を自由な自称詞で呼び、自称詞でいじめられることもない。そんな子どもたちが登場する国語教科書がつくられることを願ってやまない。きっと教室に多様性をもたらしてくれるだろう。

本章では、ことばを変えることで社会を変える可能性をみてきた。言語について考えることは、ことばを通して社会を変えていく機会を与えてくれる。読者の皆さんも、身近なことばから社会を見直してみませんか。

（中村桃子）

引用・参考文献

上野千鶴子　一九九七『キャンパス性差別事情――ストップ・ザ・アカハラ』三省堂。
カメロン、D／クーリック、D　二〇〇九『ことばとセクシュアリティ』（中村桃子ほか訳）三元社。
古怒田望人／いりや　二〇二一「ままならない交差点――ジェンダークィアのボクが生きてきたこの身体について」『現代思想（特集　ルッキズムを考える）』第四九巻一三号。

竹田恵子　二〇二一「ジェンダー・トラブル・イン・アートワールド——日本アート界におけるジェンダーをめぐる問題」田中東子編『ガールズ・メディア・スタディーズ』北樹出版。
田中東子編　二〇二一『ガールズ・メディア・スタディーズ』北樹出版。
『CHANTO WEB』　二〇二一「女子が「ぼく」で何が悪い？　言語学者に聞いてみた」二〇二一年二月二七日（二〇二三年一〇月二一日取得、https://chanto.jp.net/childcare/primary/227607/）
永田麻詠　二〇二二『性の多様性と国語科教育——言葉による見方・考え方を働かせる授業づくり』明治図書出版。
中村桃子　二〇一二『女ことばと日本語』岩波新書。
——　二〇一三『翻訳がつくる日本語——ヒロインは「女ことば」を話し続ける』白澤社。
——　二〇二〇『新敬語「マジヤバイっす」——社会言語学の視点から』白澤社。
——　二〇二一『「自分らしさ」と日本語』ちくまプリマー新書。
——　二〇二四『ことばが変われば社会が変わる』ちくまプリマー新書。
『日刊スポーツ』　二〇二二「最上もが　ぼく↓私、「子供にとって悪影響」との批判受け変化「つまらない人間になった」」二〇二二年一二月二八日（二〇二三年一〇月二一日取得、https://www.nikkansports.com/entertainment/news/202212280000345.html）
丹羽雅代　二〇一〇「「セクシュアル・ハラスメント」——女性への暴力を可視化させたことば」中村桃子編『ジェンダーで学ぶ言語学』世界思想社。
フーコー、M　一九八六『性の歴史Ｉ　知への意志』（渡辺守章訳）新潮社。
文化庁編　一九九六『国語審議会報告書二〇』文化庁。
水本光美　二〇一〇「テレビドラマ——〝ドラマ語〟としての「女ことば」」中村桃子編『ジェンダーで学ぶ言語学』

世界思想社。
守　秀子　二〇一五「幼児期の自称詞使用に関する実態調査」『文化学園長野専門学校研究紀要』第七号。

4　愛する——恋愛からの脱出

アセクシュアルって？

ＬＧＢＴという表現はすでに常識だろうが、「アセクシュアル」についてはどうだろうか。性的多様性の一種であるが、ア（a-）という非在を表す接頭辞を「セクシュアル」に付けた語で、他者に対して性的欲求を抱くことが少ない、またはまったく抱くことがないセクシュアリティのあり方だ。恋愛感情や好きという感情を抱くことはあっても、その相手に性的な感情を持つことはないことが特徴だ。また、アセクシュアルの人の中には、他者に対する恋愛感情はあっても性的欲求は抱かない「ロマンティック・アセクシュアル」もいれば、恋愛感情も性的欲求も抱かない人「アロマンティック・アセクシュアル」もいる。

なんだかややこしいと思う人もあれば、しょっちゅう人を好きになったり失恋していて、まさかそんな人いるの？と感じる人もいるだろう。でもおそらく、あー、私それかも、近いかも、と思う人もいるのではないか。そうした人々は、周囲が恋バナに花を咲かせたり「ヤッた」話をするのを聞いて興味を持てない自分がなんかおかしいのかもと思っていたかもしれない。でも、LGB、つまり同性やどちらの性にも性的感情を抱くのが、数の上では少数派であるとしても、異性愛（ヘテロセクシュアル）と同じくひとつのセクシュアリティであるのと同じく、恋愛感情や性的欲望を抱かない生き方、あるいは時期があるのも人間にとってひとつのあり方なのだ。

しかし実際のところ私たちの社会には、恋愛やセックスを特別に素晴らしいもの、人生に必須のもののように描く作品や考え方が溢れており、若い世代向けではとくにそうだ。でも、そんな「恋愛」の特別視は歴史の中で作られてきたものだ。

恋愛の歴史

人を好きになって恋心を抱く、そうした感情は「自然」なように思えるかもしれない。人類が存続するにはセックスがなくてはならず、それは文化も文明も存在しない原始時代から変わらないはずだ、動物だってオスとメスが発情して生殖するが、それは誰からも教わらない本能の発露にほかならない、と。だがそれはあくまでも「生殖」についてだ。生殖は人間を含む動物の本能だとしても（人間にとっては生殖も本能がなせるものと言えるかどうかは疑わしいが）、それは、「恋愛」が本能であることを意味しない。恋愛とは、人と人とが感情を取り結ぶうえでの一形式にすぎず、普遍的に存在するわけではない。ましてや、恋愛がセックスや生殖にいたる道筋でなければならないわけではない。

恋愛の起源は、ヨーロッパ中世の騎士の既婚の貴婦人に対する、崇拝的な騎士道的愛に発すると言われるが、その画期的意味のひとつは、ロマンティックな熱情が、それまで魂の病気、一種の発狂であるとみなされていたことから一転して、高められた魂の状態として社会的に正当化され、美しい生活にいたるものとしてポジティブな価値を獲得したことにある。この新しい愛の観念は、当事者個人の人格や個性にもとづき自発的に生じる感情であるために、伝統的で慣習に定められた対人関係や共同体に強要された人間関係を否定する。また、感情移入によってカップルは、「一体感」や深い意思疎通を体験するという、「感情革命」をともなっていたのだ（ショーター　一九八七）。

純粋な関係性

西欧に生まれた恋愛は、このようにそもそも「反社会的」な意味合いをともなっていたのだが、近代ブルジョワジーの勃興とともに「反社会的」とはまったく逆方向の結婚という制度とのつながりを強めながらブルジョワ社会に拡散普及し、のちに上下双方の階層にも広がっていった。現代の日本の私たちもその延長上にいると言えるのだが、「恋愛」はまた新たな要素を加えて、変容を遂げている。

恋愛が結婚と結びつき、結婚に際しての「死が二人を分かつまで」という誓い（日本でもキリスト教とは無縁であっても、結婚式では「永遠の愛」を誓い合うカップルも多い）がカップルを縛っていた時代は、恋愛感情が冷めたあとも、結婚生活を維持することに、結びつきの意味があった。しかし現在は、結婚し子どもがいるようなカップルであってさえ、ましてや、結婚というかたちにはいたっていないカップルはなおさらのこと、アンソニー・ギデンズのいうところの、「純粋な関係性」が求められるようになっている。純粋な関係性とは、「社会関係を結ぶというそれだけの目的のために、つまり、互いに相手との結びつきを続けたいと思う十分な満足感を互いの関係が生み出していると見なす限りにおいて関係を続けていく、そうした状況」(ギデンズ 一九九五)のことだ。かつては愛情が冷めたあとでも、離別という不面目や生活の便益を失うことを避けるため、あるいは財産や家系の維持のために結びつきを維持しようとした。しかし現代ではそうした傾向はむしろ「不道徳」であるとすらみなされ、相手との関係そのものを尊重するがゆえに関係を維持するほうが理想的とされる。純粋な関係性においては、かつて**ロマンティックラブ**が想定していたような「死が分かつまで」のような永続性のある感情的絆は前提とはできず、つねに互いのコミットメントが要求される。なれあいや惰性、「何も言わなくてもわかるはず」というような態度では、互いの愛情の継続は保障されないのだ。

このような親密性は、たしかに「純粋」であるかもしれないが、人と人との結びつきとしては、きわめて脆弱で、当事者にとってディマンディング(要求度の高い)なものでもある。とりわけSNSなど情報伝達手段の発達した現代では、互いに「愛している」ことを確認し続けるのは強迫的にすらなりうる。相手から行動を束縛される、監視されるというのはデートDVの一典型だが、そこまでいかずとも、SNSの反応が遅れたり二、三日でも会わなければ不安になるというのはありがちだろう。そうした不安のひとつの因は、純粋な関係性を求め「本当に愛しているのか」を確かめようとする現代の恋愛そのものに潜んでいるのではないだろうか。こうした面倒さを忌避しようとする意識から、いわゆる「恋愛離れ」が生まれているとしても不思議はない。

ロマンティックラブとジェンダー・アンバランス

恋愛のリスクと困難は、ジェンダーの視点から見るとよくわかる。

まず、ロマンティックラブ自体が、ジェンダーのバランスを欠いたものである。それは、とくに女性たちに喜びや満足を与えるものとみなされ、男性よりも女性の方がロマンスの探求に熱をあげるのがありがちなパターンだ。たとえばマンガや小説、映画の男の子向け／男性向けでは、スポーツや冒険、友情もの、さらにはサラリーマン生活を描くものまでさまざまなジャンルがあるのと対照的に、女の子／女性向けのものは恋愛もの（BLや百合ものを含めて）がほとんどであることを見ても、恋愛への関心が女性にとくに高いことがわかる。実生活上でも、結婚は二人でするものではあるが、式や新婚旅行の主役は圧倒的に新婦の女性であることもその一例だろう。

ロマンティックラブ、恋愛への関心が女性により高い理由は、女性にとってそれは、自ら選択した相手によって、ある程度の自立や安定を達成するための手段であるからだ（これをギデンズは「未来を統制するための自己の位置づけ」と呼ぶ）。少年たちは、努力を積み重ねてスポーツで勝利したり悪者をやっつけたりする、仕事の場面で難局を乗り切って社会人として成長するなど、物語世界で主人公の自己の達成に同一化するのに対し、少女たちの熱中するストーリーは、ディテールはいろいろあれど、「白馬の王子様」の物語と言えば戯画的に聞こえるかもしれないが、恋愛を通じて、恋人という他者によって自分の努力だけでは達成できない幸福を受け取ることができるという、他者である男性への自己投企の物語である。就活に疲れた女子学生たちが、冗談交じりか、なかば本気か、「結婚したほうがラクかも」と口にし、若い女性の間での「専業主婦願望」が言われるが、その心情も同様だろう。

タテマエとしては「男女平等」であっても、現実にはすべての女性が男性に伍して社会で道を切り開いていくのにはまだまだ障害がある中で、女性にとって今も、学歴や社会的地位・経済力において自分より「上」の男性と結婚する「**上昇婚**」は、ほとんど疑われることのない規範である。そして、社会的威信や権力のあること、あるいはその可能性があること（ブランド大学出身であるとか、一流企業勤務であるとか）が、女性にとって男性の魅力として映ることは一般的だ。それはかならずしも女性が物質的に弱いということなのではなく、女性の「恋愛」感情が、無意識のうちにも、しばしばそうしたかたちで水路づけられているということなのだ。

つまり、女性にとって「愛する」「本当の相手」に自己投企し、男性を通じて自己実現を達成することは、情緒的であるべき女性役割規範を満たすと同時に、自身を厳しい競争の場に置く必要もなく、しかも相手の男性の達成する成功の果実の分け前を自分も享受することができるという、二重三重に「おいしい」戦略だ。女性にとって、自己の達成目標は放棄して、情緒的で緊密な絆を男性と取り結ぶこと、恋愛に入れあげることは、ある意味では、理にかなった投資なのだ。

男性にとっての恋愛の理不尽

しかし男性からしてみれば、男性を通じた自己実現というのは、過酷で、理不尽な要求でもある。二一世紀の現在ですら「男の子は男らしく」「女の子は女らしく」と、子どもの性別によって期待の異なる傾向の強い日本の社会では、男の子は子どものころから「将来」のために厳しい受験戦争に駆り出され、就職すれば過労死さえ無縁でないほどの労働が要求される。そのような必死の努力を強いられる男の子／男性を通じて女性が自己実現をしようとするのは、いわば「ただ乗り」するようなもの、というのは言いすぎだろうか。厳しい生存競争に耐えるのが、将来の「妻」という他者の自己実現をあわせて引き受けるためだとしたら、それで男らしさのプライドが満足されるという男性もいるだろうが、バカらしいと思ってしまう男性も少なくないのではないか。しかも、現代の女性は、妻となっても「従順」で夫の言うことを聞いてくれるわけではなく、家事や育児の負担もしてほしいと望むのだから、「男のプライド」だけで割が合うものかどうかは疑わしい。最近は、男性の間でむしろ専業主婦を否定し妻にも稼いでもらうことを期待する意識が高まっているが（国立社会保障・人口問題研究所　二〇二二）、それは、経済的に不透明な時代を生き抜く経済戦略であると同時に、妻子を養うためのカネを引き出されるだけの「ATM」と化すことの理不尽さを感じているからだろう。

しかしそれでも、「妻子を養える」くらいの社会経済的地位を達成することは、日本では現在も根強い男性に対する期待である。それに失敗することは、男性にとって二重三重の痛手となる。自らの人生上、不利を背負うだけでなく、そのために結婚し子どもを持つというチャンスを大きく失わせる。歴史をざっとふりかえってみれば、生涯、結婚もせず子どもも持たなかった人々は決して少なくないのだが、戦後の経済成長のおかげで半世紀の間、ほとんど誰もが結婚する「**皆婚社会**」（↓7家族する）を常識としてきた現代の日本人男性からすれば、「ふつうの人生」を自分だけがあきらめねばならないことのように思えもするだろう。それは、人としての存在・尊厳を否定されることのようにも感じられるかもしれない。「非モテ」や「インセル」などの言葉は、ネットスラングのようにも聞こえるが、苦悩にさいなまれる現代の男性の一面を鋭く突いてもいるから広く使われるようになったのだろう。

つまり恋愛の中核概念であるロマンティッククラブが、ジェンダーのアンバランスのうえで、男性は女性より社会的経済的に優位に立たなければならないという「常識」や、男性が女性を養うのが当たり前であるかのような意識をともなっていたことそのものが、こうした男性への理不尽な期待や苦悩を生じさせているのである。

ロマンティッククラブの理念は、女性たちも苦しめている。恋愛や結婚を通じた男性への自己投企は、女性たちにとって上述のように「お得な投資」でもありうるが、危険な罠でもあって、女性に「家庭生活への容赦ない隷属」（ギデンズ　一九九五）をもたらす。教育機会が平等化し、個人の達成に重きをおく現代社会においては、「他者を通じた自己実現」は、それが夫であれ子どもであれ、本人や当事者たちにいずれは葛藤をもたらし、現代の多くの女性たちにとって一生の幸福を約束するものとは決してならない。しかしそれにもかかわらず、女性たちに相変わらず家事や育児の責任を押し付け、よほどの例外的存在を除いては日本の企業で女性がキャリアを追求し自らの力で経済的安定を得るのは容易ではない。「5シューカツする」で述べられているように、現実に結婚したり家族をもったりする以前、就職活動の段階から「いずれは家事育児の負担を引き受ける」ことを前提として二流の職業人としてのキャリアプランを考えるのを当然視されるのだから、恋愛や結婚は現代の女性にとって望ましくない選択肢となりつつあるのもやむを得ないだろう。

女性の地位の変化と男性の暴力

恋愛の現代的要素である「**純粋な関係性**」もまた、ジェンダー・バランスを欠いたものである。純粋な関係性の重要な特徴は、ロマンティックラブの感情と密接に関連しながらも、ロマンティックラブが結婚や家庭を媒介として女性の男性への従属や同一化を前提としていたのとは大きく異なって、女性側からの男性との対等な関係の要求をともなっていることだ。純粋な関係性は、性的にも感情的にも対等な関係が実現できてはじめて実現される。そうした対等な関係性の構築は、「性差に基づく既存の権力関係の打破を暗に意味している」（ギデンズ　一九九五）。

しかし、女性との対等な関係性を心から欲しているような男性はさほど多くはない。「妻には働いてほしい」と経済的貢献を求める男性も、「家事や育児はしっかりやって」と注文をつけ、女性が男性のケアをし、情緒的な支えになることを相変わらず期待する。そこに、男女間の葛藤がまた生じる。

ここに、ジェンダー平等が進展するほど、男性による暴力や支配が起こりやすくなるという、大いなるアイロニーが見られる。つまり、男女平等の進展、女性の権利や意識の向上によって、男性が女性を制度的に支配することができなくなり、女性に対する優位性に揺らぎが生じているがために、男性は、私的な関係の中で一対一の暴力によって女性を支配しようとするのだ。このことを、ギデンズは、「男性の性暴力が性的支配の基盤をなしているというとらえ方は、以前よりも今日においてより大きな意味をもつ（中略）。今日、男性の性暴力の多くは、家父長制支配構造の連綿とした存続よりも、むしろ男性の抱く不安や無力感に起因している」（ギデンズ 一九九五）と指摘している。

性暴力やDVなどの出来事に接すると、私たちは、ジェンダー平等社会の実現がまだまだ不十分だからだ、と考える。男女の対等な関係性が実現されていないために、女性を性的に、あるいは家庭内で支配しようとする男性の欲望から、そうした暴力があらわれるのだ、と。この見方は正しいのだが、現代のようにジェンダー規範の変容が過渡的な状況では、過去の男性優位が崩れているからこそそうした事態が生じていることも忘れるわけにはいかない。

だからといって、女性に対する支配が制度的に蔓延していた時代に戻って男女平等にストップをかければ、男性のメンツや威信の低下が防げて望ましいなどということではもちろんない。そうではなく、ジェンダーの平等を実現するとは、単純にこれまで男性がもってきた力や資源を（一部の）女性たちにも「公平に」分配するなどという話ではなくて、私たちの社会が信じてきた価値観や優劣の序列をラディカル（根源的）に変革していくことを含まねばならないということだ。その道は容易ではないだろうが、決して不可能ではないだろう。たとえばディズニー映画は、お姫様と王子様のロマンスを描くのが定番であったが、『アナと雪の女王』は、お姫様物語のかたちをとってはいるものの、主人公の二人のお姫様は、自らの意思によって自力でものごとをなし遂げていく。王子様も定石通り登場し姫と恋に落ちはするが、国とお姫様を救うのは、王子ではなく、姫たち自身である。他にもディズニーには「悪女」「魔女」のイメージを大きく変える作品も登場している。映画は単なる娯楽、ファンタジーにしかすぎないけれども、幼いころからこうした物語に接して子どもたちが育っていくならば、変革の予兆を見ることもできるのではないだろうか。

ヘテロセクシズムを超えて

恋愛は「素敵」なものであってほしい、恋愛がストーキングや暴力、ひいては痛ましい殺人などとセットであらわれるのはまっぴらごめん。多くの人がそう思うだろう。

しかし、本章で見てきたように、恋愛が面倒なものやリスクさえあるものになってしまったのは、近代以降の社会が恋愛に価値をおきすぎたからではないかという反省にいたることもできる。そしてジェンダー・バランスを欠いていたことがこれまで恋愛を魅力的に見せていたとしても、もうそれは賞味期限切れなのだという認識も生まれるだろう。

さらに言えば、私たちはすでに、恋愛を別の次元からとらえ直すことのできる段階にも来ている。今も、性的絆を含む一対一の男女の関係や、そこから生まれる親子の関係こそがもっとも深い人間と人間の関係であるとみなされがちだが、しかしそれは、**ヘテロセクシズム**が生み出した思いこみでもある。ヘテロセクシズムとは、異性愛のみを「正常」とし、同性愛やその他多様な性愛のかたちを「逸脱」「異常」として差別する「異性愛至上主義」を指すが、しかし、それだけではない。ヘテロセクシズムとは、それ以上に、男／女の二分法で性別をカテゴリー化するのを自明とするために、男―女の一対一の性的な結びつきが自然で必然的なものだと観念させる認識の働きでもある。そこでは、男女間で恋愛したり性的欲望をもったりするのが、あたかも「自然」なことのように見えるが、本章で考察してきた近代の恋愛の歴史をふりかえれば、ジェンダーという権力関係が存在しているからこそ、男女の結びつきが自然・当然のものとして生じていたのではないかという可能性が示唆される（江原 二〇〇二）。人間の対等性という観点から見ればこれは絶望的にすら思える洞察だが、しかし希望は真摯な反省からしか生まれないだろう。

人と人との親密でかけがえのない結びつきは、多様にありうる。友情の絆、血縁にかかわらない親子や家族・親族のつながり、生業や活動をともにする仲間たちとの共有の感情。形式も、一対一であることや男女の組み合わせであることに限る必要はないし、セックスが含まれればもっとも強いつながりであるというわけでもない。別の言い方をすれば、恋愛そのものが問題なのではないが、人々の愛し方が、恋愛を核心として制度化されていることが問題なのだ（イルーズ 二〇二四）。

また、「**最小の結婚**」を提唱するエリザベス・ブレイクは、結婚という結びつきが特権化されてきたことが人の取り結ぶ関係性を矮小化し制限してきたと述べている。結婚にいたる必須の道筋であるかのように捉えられてきた恋愛も同様だろう。恋愛が多様な人と人とのつながりのひとつのかたちにすぎなくなれば、さらには若い時代に限られたものでもなくセックスをかならずともなうものでもなく一対一の排他的なものに限るのでもないというように、恋愛自体がもっと多様になれば——逆説的だが、恋愛がそれほど大したものでなくなれば——私たちは恋愛の成就や破綻にさほどのエネルギーを使ったり葛藤を抱えることもなくなるだろう。

その未来図は、一見、なんだか刺激のないつまらない社会であるように思えるかもしれない。でも、それは、「恋愛」がどうであるかを超えて、私たちの取り結ぶ人間関係を自由にしていくはずだ。さらには最近ポジティブな意味合いで用いられるようになった「ソロ活」という言葉に表れているように、恋人であれ友人であれ他者の存在に頼ることのない生き方や行動の自由も広げていくことができるようになるだろう。

（牟田和恵）

引用・参考文献

イルーズ、E　二〇二四『なぜ愛に傷つくのか――社会学からのアプローチ』（久保田裕之訳）福村出版。

江原由美子　二〇〇一『ジェンダー秩序』勁草書房。

ギデンズ、A　一九九五『親密性の変容――近代社会におけるセクシュアリティ、愛情、エロティシズム』（松尾精文・松川昭子訳）而立書房。

国立社会保障・人口問題研究所　二〇二二「第一六回出生動向基本調査（結婚と出産に関する全国調査）独身者調査」（二〇二四年二月二日取得、https://www.ipss.go.jp/ps-doukou/j/doukou16/doukou16_gaiyo.asp）

ショーター、E　一九八七『近代家族の形成』（田中俊宏ほか訳）昭和堂。

ブレイク、E　二〇一九『最小の結婚――結婚をめぐる法と道徳』（久保田裕之監訳）白澤社。

牟田和恵　二〇〇六『ジェンダー家族を超えて――近現代の生／性の政治とフェミニズム』新曜社。
牟田和恵編　二〇〇九『家族を超える社会学――新たな生の基盤を求めて』新曜社。

BOX2　性的同意はなぜ重要なのか？

高島菜芭

「性暴力」という言葉を聞いて何を連想するだろうか。夜道で見ず知らずの人から襲われる状況を想像するかもしれないが、性暴力はじつは身近なもので、知り合いから加害を受けるケースもめずらしくない。内閣府の調査でも、加害者との関係について「まったく知らない人」と回答したのはわずか一一・六％で、友人・知人、SNSで知り合った人、親、職場関係者、交際相手、など元々の知り合いが大半を占めている。

性暴力の被害にあった人は周囲の理解の薄さに直面し、被害者を責めるような発言（セカンドレイプ）にさらされることがある。被害の記憶がトラウマ化したり、フラッシュバックが引き起こされ、長期間の精神的、肉体的苦痛症状につながる可能性もある。

性的トラウマなどに発展する被害や加害行為を防ぐために性的同意という概念が正しく理解されることが重要だ。性的同意について私たちGenesisが学生向けに実施しているワークショップの内容を一部紹介したい。

私たちは誰もが身体について「自己所有権」があり、「性的自己決定権」を持つ。「わたし」のからだは「わたしのもの」であり、たとえ性的関係のある相手であっても、他者によって侵害されてはならない尊厳がある。つまり、からだにまつわることにおいて、決定権を持つのは「わたし」だけである。誰と性的関係を持つか、いつ持つか、避妊をどうするのか、といった選択は自分の意思で決めるものだ。

実際に性的接触を持つ相手と向き合って、お互いのからだについてコミュニケーションを取ることは難しい。相手とどのような性的行為を好むか、触られてもよい範囲を指定することなど、自分の心理的な安全性を確かめながら、欲求を伝えるにはコツがいる。それに役に立つトレーニングとして、私たちは自分と他人の身体や心の距離感で、自分にとって「OK」なことと「NG」なことの線引きをしてみるワークショップを学生向けに開催している。具体的なシチュエーションをいくつか挙げて、不快と思うか思わないかを判断し、教室内を移動してもらうという内容で、境界線の個人差が明確になる。

たとえば、「親しくない人にパートナーの有無を聞かれる」「親しい人にいきなりハグされる」といったシチュエーションは人によってOKかNGか意見がわかれる。境界線は人によって異なり、またその人の中でも、その時の体調や気分、相手との関係性によっても異なるため、境界線に「絶対的なもの」はない。自分の境界線を理解しておくこと、相手の境界線を勝手に想定しないことは大切だ。そして相手の境界線をこえるときには同意を確認する必要がある。

性的同意は「推測、想定、威圧、そして搾取によって得られたものではなく、自由で、積極的で、そして個人的な選択」であるべきだ。

暴力で脅したり、上司や部下、先輩と後輩といった権力勾配差を利用し、「断れない」という心理にさせる場合、同意が確認できているとは言えない。また、推測や想定に基づいた「同意」ではないことも重要だ。「泥酔しているが嫌とは言っていない」「家に泊まりに来たから性行為したいんだろう」と想定し、相手の気持ちを確認することなく性行為に及んでしまうのは性暴力だ。

継続的に相手の意思を確認することも必要だ。一度同意を確認すれば、その後確認しなくていいということにはならない。「前会ったときは性行為したから、今回もよいだろう」「キスにOKしたから、性行為もOKだろう」ということにはならず、その都度相手の意思を確認する必要がある。また同意はいつでも取り消すことができる。

具体的に意思疎通することは、「セックスの前に契約書をかかせるのか」とか、「ムードが壊れる」など、性的行為が持つロマンティックな雰囲気とそぐわないと受け取られることがある。しかし性的同意を確認することは「セクシー」なものである。自分勝手で支配的で暴力的なセックスよりも、行為についてお互いの意思を確認した方が素直でよりよい性行為になるに違いない。

（たかしま　なは
NPO法人デートDV防止全国ネットワーク理事）

5　シューカツする――「将来の自分」とジェンダー規範

ジェンダー構造の違いに気づく

本章は学ぶ（↓2学ぶ）を経たのち働く（↓6働く）との間で経験する、とあるライフイベントについて取り上げる。

このライフイベントとは、本書を読む人の多くが近々行うこととなる「シューカツ」（就職活動）のことである。大学生にとって一大イベントともいってよいシューカツに挑むとき、少なからず自分の働く姿について想像することになる。「何をやりたいのか」「どのように働きたいのか」を振り返る自己分析がシューカツで半ば強制され、これらは面接でもたびたび尋ねられる。シューカツを契機にみなさんは「将来の自分」について考えることになるだろう。これを考えるときにみなさんを縛るものの一つがジェンダー観である。

とりわけ、日本社会には教育と労働の間にジェンダー不平等の溝が存在する。ジェンダー・ギャップ指数をみると、二〇二四年、日本における教育の平等達成度合いは〇・九九三（世界七二位）であるのに対し経済の平等達成度合いは〇・五六八（世界一二〇位）となっている（World Economic Forum 2024）。学ぶ場と働く場におけるジェンダー構造には違いがありそうだ。こうしたジェンダー構造の違いに気づくのがまさにシューカツなのである。

大学生のジェンダー観・ライフコース展望

そもそも就職活動を経験する前の大学生はどのようなジェンダー観を持っているのだろうか。近年の調査結果を確認しておこう。

以下は、筆者が所属している研究グループが二〇二〇年に大学生に対して実施した調査結果である（青少年研究会　二〇二〇）。家事・育児の意識に関する「夫が妻と同じくらい家事や育児をするのはあたりまえのことだ」に対して、男子のうち八一・六九％が肯定回答（「賛成する」「まあ賛成する」）、女子のうち八三・六一％が肯定回答している。ここには性別による大きな差はみられない。他方、「一家の生計を支えるのはやはり男の役割だ」という**生計維持**の意識は肯定回答を行った男子が五四・一〇％、女子が二七・二六％と、女子と比べると男子の方がその責任を感じている。性別らしさに関する「男性には男性向き、女性には女性向きの役割がある」も男子六九・四〇％、女子五四・五九％が肯定回答を行っている。一定程度の大学生が「男性向き」「女性向き」といった性別らしさに賛成しており、その割合は男子の方が高い。

続けて、就職活動を直前に控えた大学生・大学院生に対して二〇二三年に実施された調査をみてみよう（マイナビ　二〇二四）。子育てに関する質問において「育児休業を取って子育てしたい」と答えた男子は五九・五％、女子は五九・七％とほぼ同じ割合となっている。男性の育児休業取得が政策によって推し進められていることもあり、男子の取得意欲が確認できる。他方、生計維持についてはどうだろうか。結婚後「主に自分の収入のみで生活するのが望ましい」と回答する男子二三・〇％、女子一・八％、「主に相手の収入のみで生活するのが望ましい」と回答する男子一・一％、女子一〇・八％となっており、筆者らの調査結果と同様に一定程度の大学生が「男性に生計維持役割がある」と考えている。加えて、将来家族形成を行うつもりはなく「結婚せず自分の収入のみで生活するのが望ましい」という回答が男女合わせて、二〇一六年卒六・六％、二〇二〇年卒七・五％、そして二〇二五年卒（二〇二三年）一三・一％と年々増加傾向にある（マイナビ　二〇二四）。

上記の結果から多数が家事や育児は性別に関係なく担うべきだとしつつも、一定数は生計維持役割が男性にあると考えていること、将来の家族形成を放棄する傾向もみられる。

では、これらのジェンダー観は働く生活になっても変化しないのだろうか。二〇二一年の出生動向基本調査から推測してみたい（国立社会保障・人口問題研究所　二〇二二）。この調査が未婚女性に尋ねた、実際になりそうなライフコース（予想ライフコース）をみよう。「結婚せず、仕事を続ける」は学生のうち二八・七一％、正規の職員のうち四一・〇九％、「結婚し、子どもを持つが、仕事も続ける」は学生三〇・五〇％、正規の職員二五・六五％と、正規雇用で働く未婚女性は学生と比べて家族形成に消極的である。つまり、予想ライフコースは働き始めると変化する可能性が高い。正規雇用で働く未婚女性にとって、結婚せず自らの労働によって生計を維持する生活が現実的になっていく。他方、未婚男性に尋ねた、パートナーに望む理想のライフコースは「結婚し、子どもを持つが、仕事も続ける」が学生のうち三八・一一%、正規の職員のうち四一・〇〇%、「結婚し子どもを持ち、結婚あるいは出産の機会に退職し、その後は仕事を持たない」が学生九・八九%、正規の職員六・一六%と、自身の生計のみでやっていこうとする男性は学生より正規雇用者の方が若干少ない。

ここまで大学生のジェンダー観を整理してきた。上記の調査結果から主に三点指摘することができる。第一に家事・育児に関するジェンダー規範は弱まっており、その負担量はさておき双方が担うべきだと考えていること、第二に生計維持は男性の役割とみなす者もいまだ一定数いること、第三に学生ならびに正社員として職に就いた女性に、家族形成を現実的なものとせず「個人で生きていく」個人化の趨勢がみられることである。

男性を中心とした日本的雇用

現代社会において男女問わず働くことに重きをおく生活を送っているにもかかわらず、家族を形成すれば男性が生計維持の中心を担う。なぜ男性が稼得責任を担うことになったのだろうか。この詳細な解説は次章以降に譲る（↓6働く、7家族する）が、産業社会への移行にともない「男性は賃労働、女性は家事や育児」といった**性別役割分業**が誕生した。

戦後の日本社会では日本的雇用慣行と呼ばれる働き方とそれに付随した福祉制度が発達することとな

った。ひとつの会社で労働組合に加入しつつ、長期間雇用され、雇用年数に応じて賃金も上昇する。こうした雇用慣行のもとで働くことが男性の標準だと考えられてきた。男性はサラリーマンとして企業内での労働が人生を通じた生業となり、それによって妻子を養うだけの賃金を得る。ただし、転勤や長時間労働など企業内で指示された労働に柔軟に対応する企業中心的な働き方も引き受ける。こうした生き方・働き方に対し、女性は男性と結婚し、夫が得た賃金をもとに、転勤や長時間労働も厭わない夫を家事労働で支え子どもの育児を担う。これが女性の標準的な生き方とされた。性別役割分業に基づいた人生の道筋を「戦後日本型ライフコース」と呼ぶ（岩井 二〇一〇）。これに合わせて社会保障制度も組み立てられてきた（↓6働く、10困る）。戦後日本型ライフコースが「当たり前」だったかつての社会において男性にとって就職は一生を左右するものだった。それに対し女性にとって労働は結婚までの一時的なものもしくは生活の補助的なものだった。

女性が企業で男性と同様の職に就き、働くことができるよう法律が整備され始めたのは四〇年前のことである。一九八五年に男女雇用機会均等法が制定され、女性も男性と同様の職に就くことが制度上可能となった。だが企業はこれまで設けてきた男性職／女性職という職域の分離とほぼ同じ、総合職／一般職といった「コース別採用制度」を導入し、性別を軸にした扱いの差を残した（↓6働く）。法制定から四〇年が経ったにもかかわらず、性にとらわれない多様な働き方が広がったとはいえない。家事や育児・介護といった家庭役割を顧みず、ケアの支えがあることを想定した労働者が「標準」だという規範は変わらず、女性が男性の働き方に合わせるかたちとなった。現在でも日本の企業では、家事・育児・介護といった家庭内の責任から男性は免除されており、それを引き受けるのはもっぱら女性であるという想定がある（ブリントン　二〇二二）。家事・育児の主な責任を実際には女性が担っており、総合職で働く男性は家庭での負担を背負うのが難しい長時間かつ転勤のある労働を、総合職で働く女性は男性同様の労働に加えて家庭の責任をも背負っている。他方、男性は往々にして生計維持の責任が期待される。働き方はいまだジェンダー化されているのだ。

ここまでの説明はシューカツと関係のないことのように思うかもしれない。大学生は企業に自由に応募でき、企業もそれを受け付ける。こうしたシューカツの誕生は、一九九〇年代後半の就職協定の廃止（就職―採用に関するルールの改定）、それにともなうナビサイトの普及（妹尾　二〇二三a）がきっかけである。自由に応募できるようになったこの時期に男女雇用機会均等法の改正によって採用時の女性に対する差別が禁止された。それ以前の就職活動は今とは異なり、多くの企業は大学や性別など一部の属性に限って、応募を受け付けていた。性別による働き方の違いは応募時点で自明だったのである。男子の場合、研究室の推薦やOBのネットワークをきっかけに就職するなど、みなが自身で企業を探して応募するわけではなかった。女子の場合、父親の縁故や学校からの推薦がなければ応募を受け付けない企業も多かった。性別問わず自由に応募できるようになった現在のシューカツにおいて、かつてと比べれば表立ってみられる性差別はなくなってきた。だがシューカツの変化と比べて、標準的な働き方は大きく変わっていない。このことが、みなさんに次のような状況をもたらすのである。

性別役割分業と「将来の自分」

さて、みなさんがシューカツで「将来の自分」を明確にすることが迫られたとき、ジェンダー化された働き方をまったく想定せずにそれを描くことはできるだろうか。筆者が行ったインタビュー調査の結果は、就職活動過程で大学生が描く将来像と企業にみられるジェンダー規範で葛藤が生じることを示している。シューカツで女子は家族形成とその責任を踏まえた**ライフコース展望**に直面するのだ（妹尾 二〇二三a）。

みなさんがシューカツを始めるとき、まずはマニュアルや企業案内に目を通すだろう。これらの情報は新卒採用を行う企業での働き方を反映する。ここには主に日本的雇用に基づく生計維持を担う働き方が提示される。一九九〇年代から二〇一〇年代における女性向けの就職情報は、女子大学生に労働による自己実現を推奨しつつも、同時に「家庭との両立」もそれを選んだ自己の責任とする説明を示している（妹尾 二〇二三a、二〇二三b）。個別の企業も「家庭内での負担で辞めやすい」という統計的な推測から、目の前の女子にそれを当てはめ、家族形成の想定について確認するといった統計的差別を行っている可能性がある。新規大卒労働市場において、いまだ「女性」と家庭での責任が結びついている。

このような労働市場の想定に合わせて、女子大学生も自らの将来像を描くようになる。パーソンズの「ダブル・コンティンジェンシー」が示すように（↓0社会学とジェンダー論の視点）、私たちは相手の反応を予期しながら行為することが多く、シューカツで内定を得ようとすればなおさら相手の想定に合わせって自らを方向づけていく。就職活動過程のある女子大学生は筆者のインタビュー調査で以下のように語ってくれた。

総合職で考えて、結婚とか子どもとかあきらめようかなって思ってたんです。（中略）どうなるかはわからないですし、もしかしたら結婚とかできないのかもしれないですけどただ働くってことを軸におきつつ、そういったライフイベントもできるのであれば乗り越えていけたらとは思っていますね。

この語りから、総合職を志望するとき「結婚しない」「子どもを持たない」将来が想起されることがわかる。また、二社の選択で悩む女子大学生は次のように言う。

二つ（X、Y）で悩んでるんですけど、福利厚生がXの方がやっぱりよくて、Yは育休とか産休について書いてないんですよ、多分あるとは思うんですけどなんかそれをなかなかとりづらい環境なんちゃうかなって。やっぱりまだまだ男の社会やし。Xは育休産休もすごいとりやすいって。（中略）でも、Yの方がやりがいはあるし、専門性がすごく高いから資格もとったりしながらやれる仕事やから、Xもあるんですけど、やっぱりYの方がすごいやりがいはあるかなって。でも残業とか時期によってえげつなくて。

家庭での責任も考慮に入れて、彼女は働き方を選択しようとする。他方、筆者の調査でこのような仕事の選択と家族形成との葛藤を抱える男子はいなかった。

シューカツで「将来を考えましょう」と問われることは、女子大学生に自身のジェンダーを再認識させる。この過程で旧来の男性的な働き方や生き方が主に示されることにより、多くの女子大学生がその働き方・生き方で家族形成が可能か、家族での責任を負うことができるかどうかを考える。一部の者は、目の前に示されている働き方が家庭での責任を免れている者の働き方だと認識する。正規雇用で働く独身女性が家族形成を回避し、自らの労働による生計維持を選び取る状況は、働く場のジェンダー規範に起因するのかもしれない。

性別職域分離に導かれる選択

シューカツでジェンダーによる働き方の違い、それと密接に結びついた生き方の違いに向き合う様子を示してきた。ここまで読んだみなさんの中には、将来の家族形成は想定しておらず、ジェンダーにとらわれない選択が可能だと思う人もいるかもしれない。だが「働く」ことだけに着目しても、じつは「男性向け」「女性向け」の仕事といったジェンダーと仕事の結びつきがある。詳細は次章に譲るが、みなさんの選択には働き方や職業間にみられるジェンダー差も反映される。

「男性向け」「女性向け」といったジェンダー規範は会社員を前提とする総合職のようなカテゴリーだけでなく、多くの産業や職種と結びついてきた。性によって割り当てられる仕事が異なることを「性別職域分離」と呼ぶ（↓6働く）。二〇二二年に実施された就業構造基本調査によると、二〇歳から二四歳の大卒者のうち建設業は男性七五・七%、製造業は男性五九・二%と男性が多い。他方、医療・福祉は女性七九・四%と女性が多い。看護師や社会福祉士など医療・福祉分野のケア労働に女子が参入することがわかる。これらの仕事は専門職に該当するが、大学入学以前から性別による参入割合の差が生じている（↓2学ぶ）。

社会全体では、第二次産業から第三次産業への移り変わりが指摘されている。第二次産業（建設業や製造業）における工場労働・肉体労働と異なり、第三次産業（情報・サービス業）の仕事はコミュニケーションをともなう仕事が多い。たとえば、接客などのコミュニケーションをともなう仕事や情報通信・広告といった消費と結びついた創造性が求められる仕事である。欧米では産業構造の移行によって生じた新たな仕事が「女性らしさ」と結びつきつつ、やりがいの搾取と結びつく可能性が指摘されている（McRobbie 2016）。こうした「男性向け」「女性向け」の仕事のありようも、大学生の選択を左右する。たとえば、二〇二〇年の女性ファッション誌における大学生向け就活特集には「ファッション好き」「コスメ好き」「旅行好き」「イベント好き」「SNS好き」の五つの関心と、それぞれに関連する職業が描かれている（『JJ』二〇二〇年三月号）。みなさんの「好き」で仕事を選んだときも、ジェンダーによる関心の違いによって性別「らしい」仕事に導かれる。

シューカツにおいて直面する性別職域分離は、男女問わずその仕事への選択を促進／抑制するものとなりうるのである。女子が総合職として働くことは当たり前となってきたが、総合職の仕事でさえ「男性向け」「女性向け」といったジェンダー規範がある程度反映される（↓6働く）。

選考の場で遭遇する問題

最後、まさに選考の場で遭遇しうる性と関わる問題を二つ取り上げたい。

ひとつめは**セクシュアル・ハラスメント**の問題である。選考の場では応募者が採用者に比べて弱い立場に置かれる。この立場を利用して、採用担当者や企業の社員が応募者にハラスメントを行うことがありうる。二〇二〇年に厚生労働省が行った調査によると、就職活動で二五・五%がセクシュアル・ハラスメントを経験したと回答している。このうち、男子二六・一%、女子二五・〇%と性別による差はほぼなく、誰もが被害にあう可能性が考えられる(厚生労働省 二〇二一)。企業内で共有される固定的な性への考えを持つ者が応募者になかば無自覚にそれを押し付けている姿が浮かび上がる。

もうひとつは**見た目**の問題である。たとえば、アメリカでは履歴書の作成にあたり性別の記載は禁止されており、顔写真も添付しない。顔写真は人種や性別による採用差別と結びつく可能性が考えられるためである。だが、日本では履歴書に性別を記載したり、顔写真を添付したりすることは禁止されていない。それどころか、シューカツを始めると必ず写真やジェンダー化されたスーツの準備を求められる。日本における採用時の顔写真の効用に関して、矢吹康夫(二〇二三)は人事担当者への調査から、肥満や円形脱毛症、アザやアトピー性皮膚炎などの見た目は性差と関連しつつ好感度に影響を与えることを示している。ここから、人事担当者が性差を組み込みつつ見た目を加味した判断を行ってしまうことが指摘できる。

ここまでみてきたことからも労働市場はいまだ性別二元論が前提となっていることがわかる。働き方や生き方は男性・女性と密接に結びつけられたかたちで理解されてきた。これを示すかのように、顔写真をはじめ服装や化粧などによるジェンダー化された見た目も求められる。

ジェンダーと結びついた働き方・生き方の行く末

本章はシューカツで直面する働き方・生き方、ハラスメントや見た目についてジェンダーの視点から考えてきた。日本社会全体を見渡すと雇用の有無、産業、職種、雇用形態など本章で言及した以上に多様なかたちで多くの人々が働いている。だが、シューカツではいまだ日本的雇用を中心とした働き方・生き方が主に示される。一九八〇年代から徐々に女子も男子と同様の職に参入するようになり、シューカツでジェンダーによる差が表立って示されることは減ってきた。しかし、働く場はいまだジェンダー規範から解放されていない。

改めて述べると、性別役割分業による家事・育児負担と仕事の両立を強いられるのは女性であり、男性は家事・育児負担を常に担う者とは考えられていないのが現状である。性別職域分離のもと、性別にとらわれない職業選択ができているともいえない。加えて、抗えない権力関係を背景に、見た目による差別やハラスメントといった性と結びついた不当な扱いに遭遇したりする。働く場における性別二元論的な考えは維持されたままである。働くことそれ自体にも採用の場での評価にも、二つの性別のどちらかに落とし込むような力が働いており、多様な性を受け入れる状況とは言い難い。だが、こうしたジェンダー構造にシューカツで直面したとき、多くの場合、個々人で対応せざるをえない。家族を持たない将来を描く大学生の増加は、性に還元されてしまう生き方・働き方への消極的な応答、といえるかもしれない。

（妹尾麻美）

引用・参考文献

岩井八郎　二〇一〇「戦後日本型ライフコースの変容――JGSS-2009ライフコース調査の研究視角と予備的分析」『日本版総合的社会調査共同研究拠点　研究論文集』一〇号。
厚生労働省（東京海上日動リスクコンサルティング株式会社）二〇二一「令和二年度厚生労働省委託事業　職場のハラスメントに関する実態調査報告書」（二〇二四年一月二九日取得、https://www.mhlw.go.jp/content/11200000/000775817.pdf）
国立社会保障・人口問題研究所　二〇二一「第一六回出生動向基本調査（結婚と出産に関する全国調査）」。
青少年研究会　二〇二〇「大学生の生活と意識に関する調査」。
妹尾麻美　二〇二三a『就活の社会学――大学生と「やりたいこと」』晃洋書房。
――　二〇二三b「変容する女性のライフコースと就職活動――女性ファッション誌『ＪＪ』を手がかりに」大貫恵佳・木村絵里子・田中大介・塚田修一・中西泰子編『ガールズ・アーバン・スタディーズ――「女子」たちの遊ぶ・つながる・生き抜く』法律文化社。

総務省統計局　二〇二三「令和四年就業構造基本調査」。
ブリントン、M・C　二〇二二『縛られる日本人——人口減少をもたらす「規範」を打ち破れるか』（池村千秋訳）中公新書。
マイナビ　二〇二四「二〇二五年卒大学生のライフスタイル調査——Z世代の就活生の「日常」と「将来」を徹底研究!」（二〇二四年一月二九日取得、https://career-research.mynavi.jp/wp-content/uploads/2024/01/s-lifestyle-25-000.pdf）
矢吹康夫　二〇二三「履歴書の顔写真が採用選考の判断に及ぼす影響——企業人事を対象とした履歴書評価実験の結果概要の報告」。
McRobbie, A. 2016 "The gender of Post-Fordism: 'Passionate Work,' 'Risk Class' and 'A Life of One's Own,'" *Be Creative : Making a Living in the new culture industries*, Polity.（＝マクロビー、A　二〇二〇「ポストフォーディズムのジェンダー——「やりがいある仕事」、「リスク階級」と「自分自身の人生」」中條千晴訳、『現代思想（総特集　フェミニズムの現在）』第四八巻四号）
World Economic Forum 2024 *Global Gender Gap Report 2024*.

6　働く——労働におけるジェンダー格差

「働く」ことのイメージ

あなたは「働く」という言葉から何を思うだろう。コロナ禍では、リモートワークという今まで多くの人が経験したことのない働き方が広がった。日々の生活の中で転職仲介会社の広告を見ない日はなく、FIRE（Financial Independence, Retire Early：資産運用による経済的自立と早期退職）というライフスタイルが話題になったりもした。

変化が起きているようで、起きていないこともある。「働く」から連想することは、男性だったら、お金を稼ぐこと、女性だったらお金を稼ぐこともあるし、お金とは関係ない場合もあるのではないか。会社で働くことと家庭の中で家事をすることを考えてほしい。両方とも働くことだが、会社で働くことはお金につながり、家事をすることは、お金にはつながらない。お金につながる働きを**有償労働**、お金につながらない働きを**無償労働**という。現代の日本では、有償労働の多くを男性が担い、無償労働の多くを女性が担っている。また、女性の中には「一生働こう」と考える人もいれば、「子どもを産んだら働くのはやめよう」と考えている人もいるのではないか。しかし、多くの男性にとっては「一生働くこと」は「当たり前」で、「子どもができたら働くのはやめよう」と考えている人はほぼいないだろう。

男女で「働く」意識が異なるのは、日本の社会がまだ**性別役割分業**に根ざしているからである。性別役割分業とは「男性は仕事、女性は家事・育児」という分業のことである。男性が働き、女性が家事・育児を行うことは、あたかも「自然な」「当たり前のこと」のようにみなされる場合も多いが、性別役割分業は産業化の過程に形成されてきたものである。産業化以前では、生産活動と再生産活動は明確に分離されるものではなく、性別によって担当する活動が異なることもあったが、地域によっての違いもあった。それが産業化以降は、生産活動は職場で、再生産活動は家庭で行うという分離、そして生産活動は男性が、再生産活動は女性が行うという分離が形成されたのである。

「働くこと」を考える視点

働くことをジェンダーの視点からみると、①働くことへの関わりがジェンダーで規定され男性と女性で異なっていること、②働いて得られる報酬（収入・権力・威信など）に男女差があること、を指摘できる。働くことへの関わりや働いて得られる報酬の男女の違いを、女性の家族役割の点から考えるのを家族重視モデル（女性が働くことに女性の家族役割が影響していると考える）、職場や仕事のあり方そのものから考えるのを職場重視モデル（職場や仕事そのものの中に女性を排除する構造があると考える）と呼ぶ。以下、家族重視モデル、職場重視モデルの両方の視点で考えてみたい。

労働力率と就業継続率——働くことにおける男女の違い①

人々がどの程度働いているかをみる指標に労働力率がある。労働力率（労働力人口÷一五歳以上人口×一〇〇）は、男性では台形型の曲線を描く（図6-1）。学校卒業後の年齢から労働力率は上がり、定年を迎える六〇歳を過ぎて下がっている。二〇代〜五〇代で労働力率が下がる年齢はとくにない。二五歳〜五五歳の労働力率は一貫して九五％前後である。

女性の労働力率をみると、以前は子育て期の二五〜二九歳及び三〇〜三四歳を底とするM字カーブを描いていた。たとえば、二〇〇二年の女性の労働力率は二五〜二九歳で七一・八％、三〇〜三四歳で六〇・三％であった。二〇二二年では二五〜二九歳で八七・七％、三〇〜三四歳では八〇・六％とカーブが浅くなり、グラフ全体の形はM字型から台形に近づきつつある。第一子出産前後の妻の就業継続率は、出産前有職者を一〇〇％とした場合で、三〜四割程度で推移してきたが、近年では七割弱に上昇している。結婚・出産を機に仕事をやめる人は減っている（内閣府男女共同参画局 二〇二三）。

未婚女性（一八〜三四歳）に理想のライフコース、未婚男性（一八〜三四歳）に将来のパートナーのライフコースの希望を聞いてみると、未婚の女性、未婚の男性ともに一九八七年では「専業主婦コース」の希望が最も多く、次に「再就職コース」であったが、二〇二一年では、「両立コース」が一番、次に「再就職コース」となっている（内閣府男女共同参画局 二〇二三）。

女性の就業率は高くなり、出産等でやめる人はいるものの就業継続率も上がり、働きつづける意識も

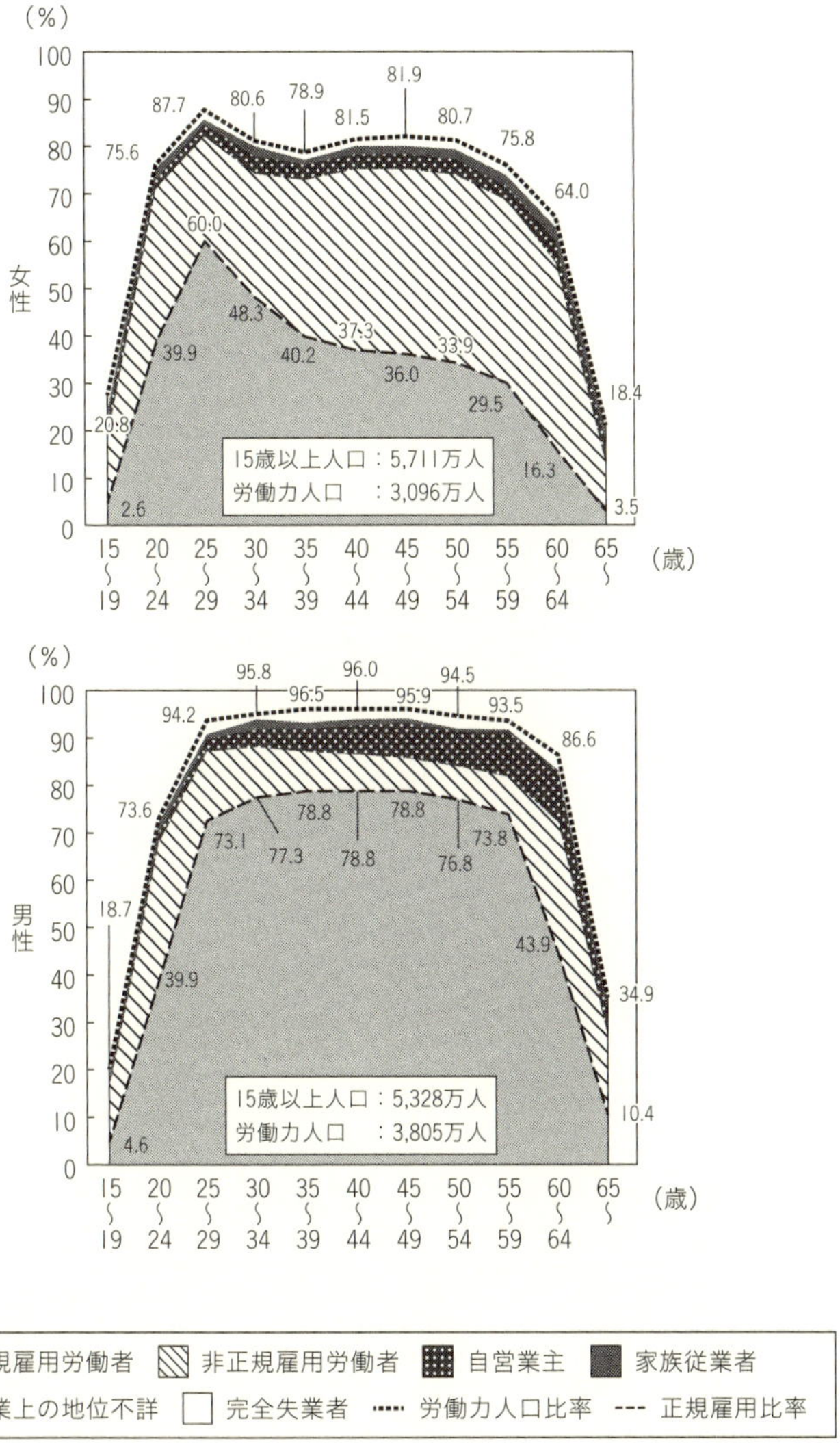

出典：内閣府男女共同参画局『令和5年版男女共同参画白書』

図6-1　年齢階級別労働力人口比率の就業形態別内訳（男女別、2022年）

強くなってきている。

非正規雇用で働く人の割合——働くことにおける男女の違い②

次に雇用形態についてみてみたい。男女ともに正規雇用で働く人が減り、非正規雇用で働く人が増えているが、男性より女性の方が非正規雇用者として働く傾向がより強い。女性の雇用者に占める正規雇用者の割合は一九八五年に約七割弱を占めていたが、二〇二二年には五割弱まで減少し、男性の雇用者に占める正規雇用者の割合も、一九八五年に約九割であったが、二〇二二年には約八割に減少した。二五歳〜三四歳の若年層で二〇二二年において、女性の非正規雇用者の数は男性の非正規雇用者の二倍以上である（内閣府男女共同参画局　二〇二三）。

年齢別に正規雇用の割合をみると、男性は二〇代後半から五〇代までは約八割であるが、女性は二五〜二九歳の六〇・〇％をピークに低下し、年齢が上がるとともに正規雇用の割合が下がるL字カーブを描いている（内閣府男女共同参画局　二〇二二）。年齢層が上がると正規雇用の求人が減ること、結婚・出産により正規雇用から非正規雇用になる女性がいること、女性は一度非正規雇用になると正規雇用になれない傾向が男性より強いことが影響している。未婚率の上昇や離婚の増加により、未婚女性やひとり親家庭の母親など、配偶者がいない女性が増える中、非正規雇用で働くことは、経済的困窮につながる傾向がある（↓10困る）。

若年女性の非正規雇用化も進んでいる。二五歳〜三四歳の女性の就業率は、一九八〇年代以降上昇傾向にあるが、正規雇用者としての就業率とは同調しておらず、非正規雇用者としての就業が増え、約三割が非正規雇用（内閣府　二〇二二）であり、子どものいる割合も低下している。つまり、結婚して子どもがいるから非正規雇用者になるのではなく、女性の若年未婚者が非正規雇用になり、職業キャリアを築きにくい状況が現れている。

また、男性の非正規雇用割合は、女性と比較すると低いが二五～三四歳の若い年代で七人に一人が非正規雇用である（内閣府男女共同参画局　二〇二三）。

非正規雇用で働くことは、得られる賃金が低い、仕事を通した知識・技能をあまり得られない、福利厚生を享受できない、という結果をもたらすが、男性より女性がこの影響をより受けているといえよう。労働市場がジェンダーに中立でないことがわかる。先に第一子出産前後の妻の就業変化をみたが、就業継続率は正規雇用にかぎると約八割強、一方で非正規雇用の場合は、約四割と半分に満たない。

割り当てられる仕事――働くことにおける男女の違い③

家族重視モデルが指摘した女性の家庭役割が女性の働き方に影響を与えている点や労働市場がジェンダーに中立でないことを述べたが、職場や仕事のあり方そのものから考える（職場重視モデル）とどうだろうか。

日本企業では**コース別雇用管理**を行っている企業が多い。コース別雇用管理とは基幹業務を行う総合職と定型的な業務を行う一般職などを設定し、コースごとに賃金、昇給、研修などに差をつける人事システムのことである。総合職は男性が、一般職には女性が多く、男性は基幹業務、女性は周辺業務を割り当てられる傾向がある。このように性によって割り当てられる仕事が異なることを**性別職務分離**という。

筆者は、同じ企業で働く総合職の男性と女性を対象に割り当てられる仕事について調査したが（大槻二〇一五）、総合職でも女性と男性で割り当てられる仕事に違いがあった。総合職の女性は狭い領域で専門に特化した職務、サポートの職務などの特徴があった。「地味でこつこつ行う」狭い領域で専門に特化した職務は、「地味でこつこつ行う」が女性に向いている、誰かを支えるサポートの仕事は「支えること」が女性に向いている、というように職務のイメージと女性性のイメージが結びつけられ、仕事が割りふられていた。その結果、女性は同じ総合職でも男性と異なる仕事を割り当てられ、仕事を通して得られる知識や技能が男性より劣っていた。また、キャリアの階段が行き止まりである場合も多かった。

女性の仕事継続意欲は与えられている仕事に影響されること、やりがいのある仕事についている女性は、結婚・出産で仕事をやめようと考えていても仕事継続志向に変わることが指摘されている（脇坂・冨田　二〇〇一、岩田・大沢編著　二〇一五）。女性が男性より仕事を通して得られる知識や技能が少ないことは、女性の働く意欲を削ぐとともに、女性の職業的キャリア形成を狭めている。職場や仕事のあり方に女性を排除する構造があることがわかる。

一方で、一般職につきたいと希望する男性も散見されるようになったが――大手都市銀行の一般職の説明会などに男子学生の姿もある――、企業側は一般職で男性をほとんど採用しない。一部採用しているのは旅行業などであろう。旅行業で一般職を希望する男性は、旅行に出たい、転勤をしたくないなどの理由から一般職を選んでいた。このような理由であれば、旅行会社には男性一般職を受け入れる余地があるが、銀行ではまったく受け入れられていない。銀行からみて、男性の標準である総合職から一般職に「おとして」志望してくる学生に「魅力を感じない」というところであろうか。女性は補助的な職務に採用するが、男性は補助的な職務には採用しないというジェンダーによる二重基準といえよう。

無償労働の担い手は女性——働くことにおける男女の違い④

有償労働についてみてきたが、無償労働の状況はどうだろうか。内閣府は無償労働の範囲を、①サービスを提供するものとサービスを享受するものが分離可能で、②市場でそのサービスが提供されうる行動とし、具体的には家事、介護・看護、育児、買い物、社会的行動（ボランティア、住民運動など）としている。また、内閣府は無償労働の価値を測るために、労働を貨幣に換算して試算しているが、無償労働の約八割を女性が行い、その貨幣価値はＧＤＰ（国内総生産）の二〇％前後に相当するという（内閣府経済社会総合研究所　二〇一三）。女性が無償労働を担っている状況がわかる。

さらに女性は有償労働に関わっている場合でも無償労働を担っている。約三〇年前にアメリカの働く妻たちは**セカンド・シフト**の状況、つまり職場で働く第一のシフト、家庭で働く第二のシフトの状況にあると指摘された（ホックシールド　一九九〇）。先にみたように人々の働き方や意識は変わってきているが、今でも無償労働は女性、有償労働は男性に偏っている状況がある。

ＯＥＣＤのデータをもとに内閣府が生活時間の国際比較を行っているが、日本の状況を男女別に一日あたりの生活時間の内訳（二〇一六年）でみると無償労働時間は男性が四一分、女性は二二四分、有償労働時間は男性が四五二分、女性が二七二分である。男性の有償労働の時間は他国と比べて長く、無償労働の時間がとても短い特徴がある。男性の家事関連時間は増えてはいるが、六歳未満の子供を持つ夫婦の家事関連時間の妻の分担割合は、共働きで七七・四％、妻が専業主婦で八四・〇％である（内閣府男女共同参画局　二〇二三）。女性が有償労働に関わっても女性の担当する無償労働はあまり減らない。日本社会には依然として強固な性別分業が残っているといえよう。

働くことにおける男性と女性の違いをみてきたが、次に働き方の違いが、得られるものの違いを生んでいる。得られるもの――収入・権力・威信などにおいて、男性と女性でどのような違いがあるか考えてみたい。

賃金の差――働いて得られるものの男女の違い①

男性と女性の賃金の差は大きい。日本の一般労働者（短時間以外の労働者）の女性の賃金は一般労働者の男性の賃金を一〇〇とすると七四・八である。また、女性は正社員・正職員以外で働く傾向が強いが、正社員・正職員以外の女性の賃金は正社員・正職員の男性の賃金の約五六％である（厚生労働省　二〇二四a）。一年間を通じて勤務した給与所得者の給与水準をみると、三〇〇万円以下の割合が男性では一九・三％、女性では五四・二％、七〇〇万円以上のものは、男性では二四・三％、女性では五・〇％である（国税庁　二〇二四）。男性に比べ、女性は収入が低い。

二〇一六年に施行された女性活躍推進法（正式名称「女性の職業生活における活躍の推進に関する法律」）では、国や自治体、企業などの事業主に対して、女性の活躍状況の把握や課題分析、数値目標の設定、行動計画の策定・公表などを義務づけている。二〇二二年七月の女性活躍推進法の改正では、常用労働者数三〇一人以上の企業に⑴全労働者、⑵正規労働者、⑶非正規労働者のそれぞれで男女の賃金格差の開示が義務づけられた。

『日本経済新聞』（二〇二三）がデータベースに公表された七一〇〇社（三〇〇人以下の企業も含む）を分析したところ、男女間格差は三〇・四ポイントであった（男性の賃金一〇〇に対して女性の賃金は六九・六）。業種では、「金融・保険」の格差が最大（三九・九ポイント）で、次に「小売・卸売」（三五・九ポイント）であった。格差の原因については「女性管理職比率の低さ」を挙げる企業が目立ったという。

内閣府（二〇二二）は男女賃金格差の要因として雇用形態や職位、勤続年数の違いなどが男女間の賃金格差に寄与し、女性は正規雇用での就業や年齢の上昇が賃金増加につながりにくいと指摘している。

OECD（二〇一八）は「母親ペナルティ」（子どもを生み育てながら働くことが女性に不利益をもたらすこと）の存在を指摘している。男女賃金格差は年齢とともに拡大し、とくに妊娠・出産適齢において格差が拡大していること、子どもをもつ女性はもたない女性に比べて男性との賃金格差が大きいという。

さらに男女賃金格差に関する説明できない要因のひとつとして差別――労働市場での採用、昇進、機会における差別など――が考えられると指摘している。

若者の管理職志向――働いて得られるものの男女の違い②

女性の管理職の割合は増えてはいるがまだ低い。女性の係長相当職の割合は一九・五%、課長相当職は一二・〇%、部長相当職では七・九%である（厚生労働省 二〇二四b）。

管理職に占める女性が少ないことが、男女賃金格差に影響し、また、女性社員が働きつづける役割モデルをもてない要因、日本企業のあり方が男性中心主義である要因にもなっている。さらには、女性個人が威信や権力をもてない状況を作りだしている。

日本において女性管理職が少ない状況について、女性が管理職を目指さないからと指摘されることがあるが、人々の意識や志向性はその人の立場や置かれている状況に影響される。

新入社員に五年間にわたって実施した調査（国立女性教育会館が二〇一五年〜二〇一九年に実施、筆者も研究メンバー。詳しくは国立女性教育会館（二〇二二）参照のこと）から昇進意欲について考えてみたい。総合職のみ分析対象としたが、管理職への昇進意欲をみると男性の方が高い。昇進意欲があるのは入社一年目で、男性約九五・六%、女性約六七・八%、入社五年目で男性約八四・三%、女性四四・四%である。男女ともに昇進意欲は下落し、五年間で男性は約一〇ポイント下落、女性は約二〇ポイント下落している。女性の昇進意欲の下落の方が大きい。

管理職を目指さない理由をみると、入社一年目では男性も女性も「仕事と家庭の両立が困難になるから」が一番多く、女性は八割近く、男性は四五%程度がそのように回答した。入社五年目になると、男性では「責任が重くなるから」が最も多く約六割、女性では「仕事と家庭の両立が困難になるから」が一番多く約七割を占めていた。一方で、データを詳細に分析すると、異なる理由がみえてくる。

管理職への昇進意欲にどんな要因が影響を与えているかを分析すると。男性では、「将来のキャリアにつながる仕事をしている」と思っているものほど昇進意欲があった。女性では、「専門能力を高めたい」「仕事満足度」がある場合に管理職を目指す傾向があり、「主に女性が担当する仕事についている」と管理職を目指さない傾向があった（大槻　二〇二一）。

管理職への昇進意欲には、男女ともに、仕事のあり方（将来のキャリアにつながる仕事か、男女どちらが主に担当する仕事か）、仕事への志向性（仕事の専門の能力を高めたい）、仕事から得られるもの（仕事満足度）が影響していた。つまり人々の昇進意欲には、職場の要因が影響しているのである。一方で、女性が管理職を目指さない理由について、家族重視モデル（家事・育児といった家庭内の責任から考える）で考察したり、その対策を家族重視モデルから実施している現状がある。女性が管理職を目指さない理由を家族重視モデルから考えるのも必要であるが、もっと職場の要因から考察することが重要である。

また、近年では仕事と家庭内役割との両立支援が充実してきているが、女性にとって仕事と家事・育児の両立はできても昇進は難しくなる「マミートラック」も指摘されている（二一世紀職業財団　二〇二二）。

よりよく働くために

働くことへの関わりがジェンダーで規定され男性と女性で異なっていること、働いて得られる報酬に男女差があることについてみてきた。男性も女性もよりよく働くためには何が必要なのだろうか。

まず、日本型雇用システムの見直しである。長期雇用、年功賃金、企業別組合を特徴とする日本型雇用システムでは、ひとつの企業に長く勤めないことが不利になり、結婚・出産の影響を受けて男性と比べて勤続年数が短い女性はキャリアの展開を妨げられていた。転職する男性も不利を被る可能性がある。貢献と報酬がそのときどきでバランスするようにする、いくつかのキャリアのタイプが対等に併存するようにする、教育・訓練は企業の外で受ける比重を大きくするといった改革が大切である。また、家族重視モデルからだけではなく、職場重視モデルから施策をする必要がある。企業情報の開示（たとえば女性の活躍推進企業データベースなど）による「職場」の見える化を進め、女性に周辺的な仕事が割り当てられる状況の改善や社内で当たり前になっていることの見直し――たとえば転居をともなう転勤制度の見直し、マミートラックや短時間勤務で低い評価がつけられることの見直しも必須である。

第二に、長時間労働の是正と**ワーク・ライフ・バランス**の推進である。二〇一八年の労働基準法改正で時間外労働に上限が設けられたが、過労死を防ぐには機能しても労働時間短縮の効果は期待できないものであった。労使で労働時間短縮となる時間外労働の協定について協議することが必要である。働き方改革の取り組みでは、「翌日の出勤時刻を遅くする」「ペーパーワークを減らす」「会議を見直す」「進捗管理や情報共有をする」が、良い結果をもたらしているという（労働政策研究・研修機構 二〇二二）。長時間労働の是正とワーク・ライフ・バランスは女性の就業継続のためだけではない。男性の長時間労働を変えるためのものでもある。男性の現在の働き方を基準にして、その基準に女性があわせて働いても誰も幸せにはなれない。男性の長時間労働の削減は最重要課題である。

第三に、税制や社会保障における被扶養者に対する優遇措置を見直すことである。妻の年収が一三〇万円未満であると夫の社会保険の扶養内となり、自分で健康保険や社会保険を支払う義務がない（勤務先の被保険者総数が常時五一名以上で週に二〇時間以上働いている場合は一〇六万円未満が目安）。妻の収入が一〇三万円以下の場合、所得税はかからない。このような税制や社会保障の優遇制度が既婚女性が条件の悪い非正規雇用で働く傾向を促進しているともいえる。近年、被扶養者への優遇措置の見直しが議論されているが、ジェンダーに中立な税制、社会保障制度にする必要がある。

第四に、**同一価値労働同一賃金**の原則を用いた賃金の支払いを進めていくことである。同一価値労働同一賃金の原則とは、同じ価値の労働には同じ賃金を払うという考え方であり、男性と女性の賃金格差の是正、非正規雇用と正規雇用の賃金の是正に生かせる考え方である。欧米では男性職、女性職の価値が異なる場合に職務評価を行い、職務の価値をはかり、それにもとづいた賃金を支払うことで男女間賃金格差を是正してきた。ＩＬＯは日本政府に一九九〇年代からＩＬＯ第一〇〇号「同一価値労働同一報酬（賃金）」条約（日本は一九六七年に批准）に違反していると指摘しているが、同じような仕事をしていても男女で異なる賃金、正規雇用・非正規雇用で異なる賃金（非正規雇用の多くは女性が占める）の是正を進めることが必要である。
第五に、「積極的改善措置（ポジティブ・アクション）」の実施である。活動に参画する機会の男女間の格差を改善するために、必要な範囲において男女のいずれか一方に対して活動に参画する機会を積極的に提供するものである。現在、国の審議会等委員への女性登用のための目標設置や女性国家公務員の採用・登用の促進が行われているが、企業の女性の管理職登用にも広げていくことが必要であろう。
働くことについて考えてきた。働くことへの関わりは男性と女性で異なっており、働いて得られる報酬に男女差があった。私たちは誰もがジェンダーから影響を受け、ジェンダー役割を求める社会の中で生きている。男性も女性もよりよく働くためには何が必要なのか、あなたも家族重視モデル、職場重視モデルの両方から考えてほしい。もしかしたら、よりよく働くためには自分の中にあるジェンダー意識を見直すことも必要かもしれない。

（大槻奈巳）

引用・参考文献

岩田正美・大沢真知子編著、日本女子大学現代女性キャリア研究所編　二〇一五『なぜ女性は仕事を辞めるのか――五一五五人の軌跡から読み解く』青弓社。
ＯＥＣＤ編　二〇一八『図表でみる男女格差――ＯＥＣＤジェンダー白書２』（濱田久美子訳）明石書店。

大槻奈巳　二〇一五『職務格差――女性の活躍推進を阻む要因はなにか』勁草書房。
――　二〇二一「若年層の管理職志向に与える要因――職場から考える」『令和二年度男女の初期キャリア形成と活躍推進に関する調査研究報告会　初期キャリアからの人材育成――入社五年で何がおこるのか』独立行政法人国立女性教育会館（二〇二四年二月一日取得、https://www.nwec.go.jp/about/publish/jpk9qj000002qxk.html）
厚生労働省　二〇二四a「令和五年賃金構造基本統計調査の概況」（二〇二四年一一月一日取得、https://www.mhlw.go.jp/toukei/itiran/roudou/chingin/kouzou/z2023/index.html）
――　二〇二四b「「令和五年度雇用均等基本調査」結果を公表します」（二〇二四年一一月一日取得、https://www.mhlw.go.jp/toukei/list/dl/71-r05/07.pdf）
国税庁　二〇二四『令和五年分民間給与実態統計調査――調査結果報告』（二〇二四年一一月一日取得、https://www.nta.go.jp/publication/statistics/kokuzeicho/minkan2023/pdf/R05_000.pdf）
国立女性教育会館　二〇二一『令和二年度男女の初期キャリア形成と活躍推進に関する調査研究報告会　初期キャリアからの人材育成――入社五年で何がおこるのか』（二〇二四年二月一日取得、https://www.nwec.go.jp/about/publish/jpk9qj000002qxk.html）
内閣府　二〇二二『令和四年度年次経済財政報告――人への投資を原動力とする成長と分配の好循環実現へ』（二〇二四年二月一日取得、https://www5.cao.go.jp/j-j/wp/wp-je22/index_pdf.html）
内閣府経済社会総合研究所　二〇一八「家事活動等の評価及び関連翻訳の公表について」（二〇二四年二月一日取得、https://www.esri.cao.go.jp/jp/sna/sonota/satellite/roudou/contents/kajikatsudou_181213.html）
――　二〇二三「無償労働の貨幣評価」（二〇二四年二月一日取得、https://www.esri.cao.go.jp/jp/sna/sono

ta/satellite/roudou/contents/pdf/2021musyou00.pdf)
内閣府男女共同参画局　二〇二二『令和四年版男女共同参画白書』（二〇二四年二月一日取得、https://www.gender.go.jp/about_danjo/whitepaper/r04/zentai/pdfban.html)
――――　二〇二三『令和五年版男女共同参画白書』（二〇二四年二月一日取得、https://www.gender.go.jp/about_danjo/whitepaper/r05/zentai/pdfban.html)
二一世紀職業財団　二〇二二「〜ともにキャリアを形成するために〜子どものいるミレニアム世代夫婦のキャリア意識に関する調査研究」（二〇二四年二月一日取得、https://www.jiwe.or.jp/research-report/2022)
『日本経済新聞電子版』二〇二三「日本企業、男女の賃金格差は平均三割　金融・保険が最大」二〇二三年七月一三日（二〇二四年二月一日取得、https://www.nikkei.com/article/DGXZQOUC111CP0R10C23A7000000/)
ホックシールド、A・R　一九九〇『セカンド・シフト　第二の勤務――アメリカ共働き革命のいま』（田中和子訳）朝日新聞社。
労働政策研究・研修機構　二〇二二『労働時間の研究――個人調査結果の分析』労働政策研究報告書二一七（二〇二四年一〇月一日取得、https://www.jil.go.jp/institute/reports/2022/0217.html)
脇坂明・冨田安信編　二〇〇一『大卒女性の働き方――女性が仕事をつづけるとき、やめるとき』日本労働研究機構。

7　家族する——変わる現実と制度のはざま

広がる多様な家族像

最近の家電や生活用品のＣＭでは、調理や洗濯をする人を男性としたり、共働きの夫婦が家事を分担したりする様子が当たり前に描かれるようになった。また、ドラマや映画などで同性愛カップルや、離婚した夫婦、血縁のない人同士が互いにかけがえのない存在として家族になるストーリーが描かれることもめずらしいことではなくなった。しかし、一方で家族は、夫婦、親子、祖父母と孫など、血縁と異性愛からなるつながりとして、私たちの社会では特権的な地位が与えられている。では人々の「家族する」は、実際のところどのくらい変化したのだろうか。

ジェンダー化された家族

家族とは何かについて、社会学領域ではこれまでさまざまな議論が積み重ねられてきた。近年では、誰を家族とみなすかについては人々の主観による、という理解が一般的となっている。この観点からみれば、法的な届けを出していてもいなくても、異性愛であっても同性愛であっても、子どもがいてもいなくても、大切な無二の存在であればペットも、家族とみなされる。しかし、一方でそのような理念的な家族の捉え方と現実が異なっているのは周知の事実である。日本では、結婚は異なる性をもった一定年齢以上の大人が法的な届けを出して成立するものとみなされ、そこから生じる夫婦関係や血縁に基づいた親子関係を家族とみなしている。また家族が一体である表れとして、同じ姓を名乗ることを前提としている。このように、近年幅広く理解されるようになった家族のイメージや理念と、家族についての制度が乖離している状況にあるということをおさえたうえで、日本の家族の現状から話を始めたい。

　私たちがよく知っている家族――すなわち、父親が外で働いて家計を支え、母親が家事や育児を（近年は仕事も）行い、子どもは学校に行って学習したり遊んだり、親と子はそれぞれ家庭内で異なった役割を持っている、独立したまとまり――を**近代家族**という。近代家族は、産業構造の変化とともに、人々の暮らし方が変化し、仕事と生活の分離が起こったことによって生まれた。人々は工場や会社などで雇われて働くようになり、とくに男性がそれらの仕事によって家族を扶養する（養う）ことが可能となり、妻は扶養される存在となった。日本でこのタイプの家族が多数派を占めるようになったのは、高度経済成長期の頃といわれている。

　日本の家族にとってもう一つの大きな転機は戦後の日本国憲法の成立である。憲法には「婚姻は両性の合意のみに基づく」「両性の本質的平等」が明記され、家制度の下、家長の許しを得なければ結婚できないということもなく、かならず親と同居して彼らの世話をしなければならないということもない、夫婦中心の核家族が戦後の新しいモデルとなった。一方で家制度は慣習として部分的に残り、とくに配偶者の選択に関しては、一九六〇年代前半までは見合いがほとんどであった。やがて恋愛結婚が多数派になっていくものの、恋愛結婚には職場結婚という「準・見合い」が含まれており、若者の多くは依然として親や職場の年長者の介在によって結婚していた。また、日本では婚姻によって夫婦は同一の姓を名乗らなければならないが、現在でも妻のほとんどが結婚を機に夫の姓に改姓している。

当時は、初婚年齢が低く（おおむね男性が二六～二七歳、女性二三～二五歳）、生涯未婚率（五〇歳時点の未婚率）も低く、ほとんどの人が若い年齢で結婚する皆婚社会であった。

近代家族にみられる夫婦間の分業は、やがてすべての男性と女性に期待される役割となり、望ましい生き方の基準となった。それまでは性別によって、また親の生業、地域や階層によって子どもは異なるしつけを受けていたものの、近代家族の一般化によってジェンダーに関する規範も一般化した。男子はよい会社に入って家族を養えるような経済力を持つ大人になることを目指してしつけられ、女子は適齢期に結婚できるように、また男性に選ばれる人格や特徴を持つことが期待され、他者への配慮ができるよう社会化される面があった。結婚した異性のカップルが、男性＝稼ぎ手、女性＝ケアの担い手であることは現在でも自明視されており、性別役割分業は過去の遺物ではない。現に、国が定める税や社会保障のしくみは、サラリーマンの稼ぎ手と専業主婦の夫婦が生涯添い遂げることを前提として制度化されており、結婚は現実がどうであるかはともかく、人々が高齢期に至るまで満足な暮らしをするためのセーフティネットの役割を担わされている。

結婚への困難

現在このようなジェンダー化された家族は、期待された機能がすでに果たせなくなっており、抜本的な立て直しが必要と考えられるが、それが端的に表れているのが未婚化や晩婚化、少子化といった現象である。

図7－1のように生涯未婚率は一九八〇年代まで、男女ともほぼ五％以下の水準が保たれていたが、一九九〇年代から急激に上昇し、二〇一〇年では女性が一〇・六％、男性が二〇・一％となっている。また、二〇歳代後半の未婚率は男性七六・四％、女性六五・八％、三〇歳代前半では、男性五一・八％、女性三八・五％となっており、晩婚化傾向が著しい。生涯未婚率はさらに上昇することが見込まれ、生涯シングルで過ごす人たちが社会において顕在的なグループとなることが予想される。

なぜこのように晩婚化あるいは未婚化が進んだのだろうか。ひとつには配偶者の選択が個人化したためである。見合いが結婚の主なきっかけであった時代においては、結婚適齢期に達した男女に対し周囲の大人が積極的な支援を行っていたが、やがて恋愛結婚が多数派を占めるようになり、現在は結婚するかどうか、適当な相手を見つけるということも本人に任されている。男女どちらにとっても結婚は魅力的と思える相手が現れたときに納得してするものとなった。

その一方、現代の結婚が性別役割分業体制であり続けていることと、一九九〇年代以降の雇用の非正規化の進行が、結婚の慎重化ともいうべき傾向に拍車をかけている。女性が学校を卒業して働くことは

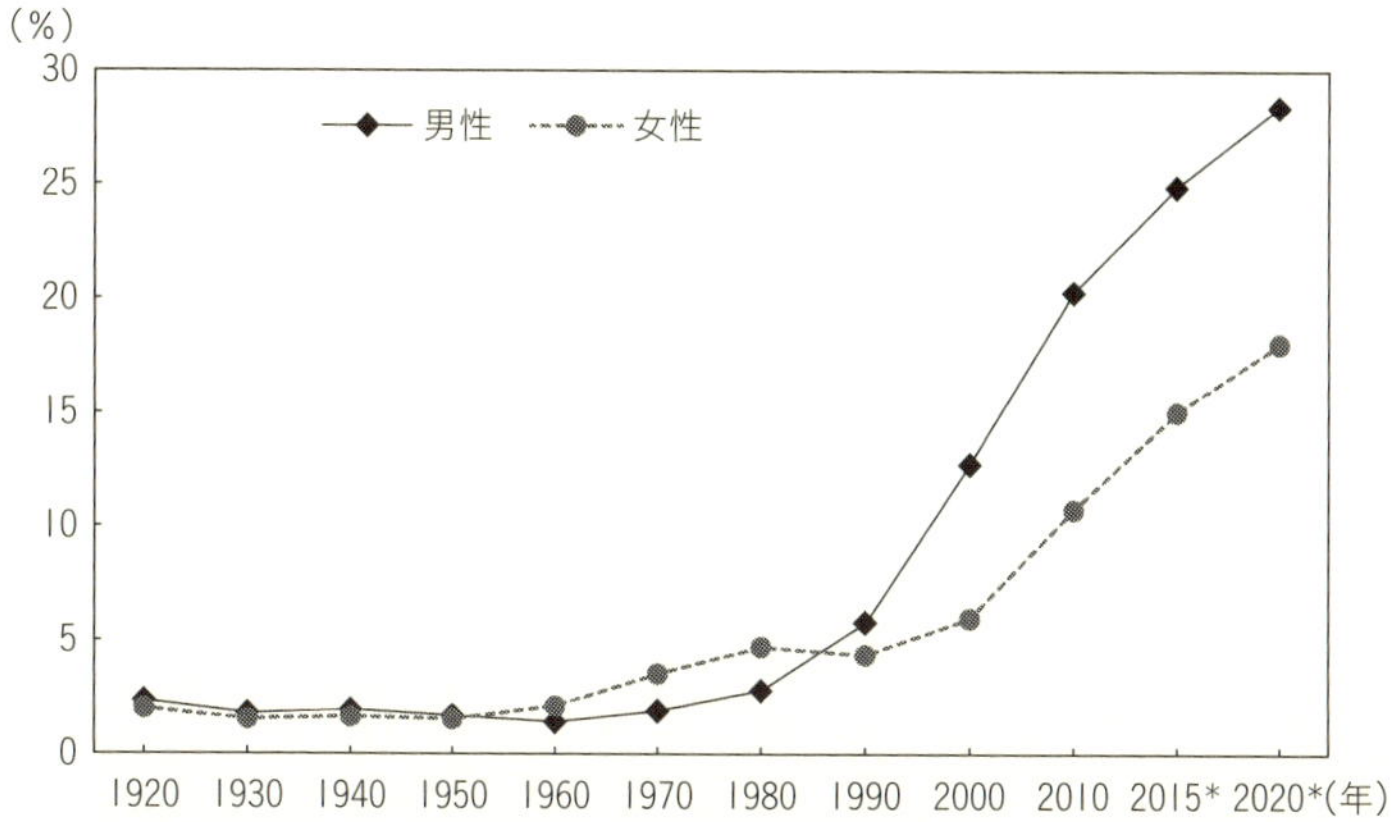

注：生涯未婚率は、45 ～ 49 歳と 50 ～ 54 歳未婚率の平均値であり、50 歳時の未婚率。2015 年と 2020 年数値は不詳補完値に基づく。

出典：総務省統計局「令和 2 年国勢調査」より筆者作成

図 7-1　生涯未婚率の推移

当然となり、就ける職業の幅は広がっているが、女性雇用者の五割は非正規雇用で働いている（厚生労働省　二〇二二）。また、結婚や出産をきっかけとして求められる、家事や育児の責任を十分果たすために、専業主婦になりたいと考える女性もいる。そのために結婚相手の男性には、家計をカバーできるだけの十分な収入を期待する。しかしながら、男性の非正規雇用化も進み、学卒後入社した企業で一生勤めあげるというような安定的な働き方は過去のものとなった。男性一人の収入で、ローンを組んで家を買い、子どもを高等教育機関に進ませるという、前の世代で比較的可能だったことは容易でなくなり、結果的に若者の婚姻率は低水準となっている。男性＝稼得役割、女性＝ケア役割という性別役割分業への期待が結婚の足かせとなっているのである。

　また、日本では進学や就職といったやむを得ない事情のない限り成人した子どもが親の家にとどまることはごく当たり前とみなされている。大人になった子どもが親と一緒に暮らすパラサイト・シングルという現象が未婚化・晩婚化を下支えしている面がある。親の世代は終身雇用制の恩恵を受け、父親の安定した収入（あるいは年金）、親たちが取得した住宅、家事全般を引き受けてくれる母親がいるため、成人した子どもたちは、たとえ十分な収入がなくとも実家にいればある程度快適な生活ができる。自立できる収入が得られない若者たちにとって、親の家はセーフティネットの役割を果たしている。成人した若者が親と同居しない欧米では、未婚のカップルによる同棲は独り立ちが難しい若者の一般的なライフステージとして容認されているが、日本では婚外子をもうけることも含めてネガティブなイメージが持たれやすく、婚姻届けを出すのが「正しい結婚」であるとみなす傾向があり、一般的な慣習となっていない。また、若者を自立させるための社会的な施策に乏しい。このような結婚への高いハードルが、結果として晩婚化や未婚化、子どもの減少（少子化）につながっている。

子どもをもつ困難

さらに子どもを育てる人生を歩みたい場合には妊娠・出産というライフステージに進むことになる。ただこの道のりも容易ではない。妊娠・出産・子育てのコストが生半可でないことはよく知られているため、子どもをもつ人生を思い描きながら、具体的にいつ子どもを産むか決められない親たちの状態を河合蘭は「未妊」という言葉で表している（河合　二〇〇六）。

カップルが子どもをもつ人生を選択しようとしても、思いどおりに妊娠できるか、という問題がある。妊娠しやすさは女性も男性も三五歳頃から徐々に低下するといわれている。しかしながら、三五歳は、学校卒業後仕事に就いた人たちが仕事を始めてたった一〇年強であり、パートナーの見極めや仕事上求められる能力を身につけたり転職したり、トライアンドエラーしているうちにあっという間に達してしまう年齢である。不妊の心配をしたことがある夫婦は三組に一組以上、実際に不妊の検査や治療を受けたことがある（治療中を含む）夫婦は四・四組に一組で、この値は年々上昇している（国立社会保障・人口問題研究所　二〇二二）。近年少子化対策の観点から不妊治療の経済的負担については支援制度が整いつつあり、卵子の凍結保存に助成金を出す自治体や企業も現れている。不妊治療に関する制度の進展は晩婚化と晩産化という動向と密接に関連しているが、これらは、女性が妊娠についての問題意識と行動力を持つ場合に利用できるものであり、依然として女性に覚醒を求める内容となっている。よく知られているように不妊治療は、女性の側の負担がきわめて重い。女性の身体に妊娠状態を作ろうとするため、生理周期に合わせ頻繁に通院せねばならず、カップルでは通院する妻が医師の指示を夫に伝える伝書鳩の役割をすることになりがちである。子どもを産み育てたい人ができるだけそれを実現できる社会にするためには、まずは不妊治療については男性に当事者としての関わりを制度的に持たせること、またこの制度の対象がもとより婚姻カップルに限られており、非婚や同性カップルへ開いていくことも課題である。

ジェンダー化された子育て

子どもに関わりたい、子育てを自分事として考える男性は増えているものの、実態は依然としてジェンダー化されている。

たとえば六歳未満の子どもを持つ妻の家事・育児時間は七時間二八分、夫は一時間五四分であり妻は夫の四倍これらを行っている（総務省統計局　二〇二二）。仕事と子育ては現在でも両立が難しい。第一子出産前有職だった女性の七割が、出産後も就業を継続しているものの、妊娠前から無職だったり、出産退職したりしてこの時期の女性の四割が仕事に就いていない（内閣府男女共同参画局　二〇二四）。育児休業は近年度重なる法改正で男性が取りやすくなっているものの、女性の取得率は八四％であるのに対して、男性の取得率は三〇％、女性の取得期間は九割以上が六カ月以上、男性のおよそ四割が二週間未満にとどまっている（↓15ケアする）。このような数値をみると男性／父親の立つ瀬がないところであるが、若年層対象の調査では男性の八割が育休の取得を希望している（「若年層における育児休業等取得に対する意識調査（速報値）」）。男性／父親が子どもに直接関わりたい、子育てをしたいという意識は高いものの、就職して子どもが生まれる立場になると業務や職場の理解、収入面などさまざまな要因がからみ、育休の取得は難しく、実態は先に述べた通りである。共働きカップルにおいて子育てや家事、ケアに関わっている父親の職業は教員や公務員にほぼ限られているという調査もある（大和・斧出・木脇編　二〇〇八）。

育児期のカップルが家事や育児を具体的にどのように「分担」しているか調べた調査では、献立の立案、材料の調達から調理、後片づけ、余った材料の管理など、工程が複雑で時間の制約を受けやすい炊事は、専業主婦であろうとフルタイム共働きの妻であろうとほとんどすべて女性が行っていた。男性が行う家事はリビングの掃除機がけや、洗濯機のスイッチ・オンなど、短時間で行える家事に限られていた。また子育てについても、妻が準備を整えた上で保育園へ子どもを送ったり、子どもの短時間の遊び相手をしたり、あるいは妻も含め一緒にレジャーに出かけたりすることが男性の育児とみなされ、妻による全般的なマネジメントがあっての家事や育児の「分担」となっていた（藤田　二〇一〇）。

また近年親が子どもに関わる期間が長くなっている。子どもに早期から塾や習い事などに取り組ませる親が増加しており、都市部では中学受験もさかんである。子どもが（あるいは親が）これらに積極的に取り組もうとすれば、幼児期の子育てと同様、お金の手当てが必要となる他、送迎をしたり弁当を作ったり学習の指導を行ったりといったサポートが必要となってくる。子どもの学校外活動の親のサポートについての質的な調査によれば、多くの家庭では母親がマネジメントして実働する幼児期の子育てと変わらず、父親の関わりが多いケースは子どもが多い家庭に限られる。子どもが小さい時の夫婦の家事・育児の分担のありようはほぼ覆えることはなく、母親のほぼすべてがジェネラル・マネージャーとなり、レジャーや遊びにしか関わらなかった父親は、教育期の子どものサポートをするか否かにかかわらず子どもと疎遠になる傾向が報告されている（藤田　二〇二二）。子育ては文字通り「子」育てであり、幼児期に十分な関わりがなければ子どもが成長しても、男性は前の世代の父親と同様、キャッシュディスペンサーの役割しか果たせない可能性がある。

多様な「家族する」

近年多様化する家族のかたちとして、里親家族、性的マイノリティのパートナーシップについて取り上げたい。

社会的養護とは、「保護者のない児童や、保護者に監護させることが適当でない児童を、公的責任で社会的に養育し、保護するとともに、養育に大きな困難を抱える家庭への支援を行うこと」である（厚生労働省）。日本では諸外国に比べて、満足な生育環境でないにもかかわらず、実親とともに暮らしていることによって、社会的養護の対象となる子どもが少なく見積もられてきた。近年はようやく、児童虐待への関心の高まりとともに社会的養護の対象となる児童が増加している。欧米と比較して日本では従来から親がいない、親と暮らせない子どもは施設で養育されることが多く、子どもたちが施設を出た後の公的なサポートも乏しかった。国は二〇一六年の児童福祉法の改正や二〇一七年の「新しい社会的養育ビジョン」によって里親やファミリーホームなどでの家庭的養護を推進する体制を整え、従来一割程度であった里親委託率は二一・五％まで上昇した。里親やファミリーホームなどの家庭的養護が推進されることによって、要保護児童にとって多様な選択肢が生まれ、家庭的なケアを受けたり密な人間関係が経験できたりする可能性が広がったことは望ましい一歩である。また子どもを育てたい大人にとって、里子や養子を受け入れ子育てを経験したり新たな親子関係を築いたりできる機会が増えることもそうである。こうして血縁を前提としない家族の可能性が社会的に広がりをみせている一方、実子でない子どもを育てることは、妊娠出産からスタートする子育てに比べより困難であることが多いが、その支援体制は十分でない。実子の子育てにおいても、現代の親たちは地元を離れて進学や就職した先で家族を形成し、親やきょうだい、地域からのサポートを受けられず「孤育て」になることが多いが、実子でない子どもを育てる親に対してはニーズにあった支援がさらに必要である。国や自治体はもちろんのこと、地域においても、子育てを親だけに「まかせっきりにしない」支援が求められている。

性的マイノリティがつくる家族については錯綜した状況にある。性的マイノリティ、すなわちLGBTQの人々が特定のパートナーと暮らしている実態は多数存在する。二〇一五年の東京都渋谷区を皮切りに、多くの自治体で同性パートナーシップ条例が制定され、現在では人口全体のほぼ八割をカバーしている。これは一見、セクシュアル・マイノリティに対する国民的な理解が進んだようにみえるが、そう考えるのは早計である。これらの条例を持つ自治体では、ゲイ・レズビアンのカップルが届けによって、公営住宅を借りられるなど家族としての扱いを受けることができるものの、これは欧米等で認められるような同性婚ではない。国が婚姻したカップルに認めているさまざまな制度による恩恵からこれらの人々は今のところ全面的に排除されている。性的マイノリティの人々の中には少数ではあるものの、子どもを産み育てているカップルもいる（牟田・岡野・丸山　二〇二二）。しかし、婚姻が男女のものとなっているために出産や子育ての制度的な恩恵を受けることが難しい。同性カップルが私的公的に家族として日本で暮らしていくためにクリアしなければならない課題は多い。

どんな「家族する」を選んでも

これまで述べてきたように、「家族する」は、近年大きな変貌を遂げている。ほとんどすべての若者が結婚して家庭を持ち、子どもを二人か三人育て、一生添い遂げるというありようは過去のものとなりつつある。生涯未婚率は上昇し、四人に一人は結婚しないで生涯シングルとして生き、一方で離婚・再婚も増加するなど、人々の「家族する」試みはかたちを変えて続いている。また、実子でない子どもを育てること、あるいは、同性カップルであることをオープンにして生きる人々の増加など、多様な「家族する」は実質的な広がりをみせている。

若い世代にとっては、シングルでいるにしても「家族する」にしても、その経験は、親世代とはかなり異なっている可能性が高い。いまや伝統となった近代家族を選んだとしても、そのライフスタイルを生涯維持できるかは不確実である。

したがって、私たちができることは、自身の幸せとは何なのか、それを追求できるライフスタイルは何なのか、しっかり見つめて、それに向けた準備をしておくことである。この「家族する」が多様化しつつある趨勢は、私たち一人ひとりにとって、より自分らしいライフスタイルを選ぶチャンスであることはまちがいない。

（藤田嘉代子）

引用・参考文献

落合恵美子編　二〇二一『どうする日本の家族政策』ミネルヴァ書房。
河合　蘭　二〇〇六『未妊――「産む」と決められない』NHK出版。
厚生労働省　二〇二二『令和四年版働く女性の実情』
国立社会保障・人口問題研究所　二〇二二「第一六回出生動向基本調査（結婚と出産に関する全国調査）独身者調査」。
総務省統計局　二〇二二「令和三年社会生活基本調査」。
内閣府男女共同参画局　二〇二四『令和六年版男女共同参画白書』。
ニューマン、C・S　二〇一三『親元暮らしという戦略――アコーディオン・ファミリーの時代』（萩原久美子・桑島薫訳）岩波書店。
野辺陽子・松木洋人・日比野由利・和泉広恵・土屋敦　二〇一六『〈ハイブリッドな親子〉の社会学』青弓社。
藤田嘉代子　二〇一〇「家事労働再考――マネジメントの視点を中心に」『女性学年報』第三一号。
――　二〇二二「教育期の子育てとジェンダー」牟田和恵編『フェミニズム・ジェンダー研究の挑戦――オルタナティブな社会の構想』松香堂書店。
牟田和恵・岡野八代・丸山里美　二〇二一『女性たちで子を産み育てるということ――精子提供による家族づくり』白澤社。
山田昌弘　二〇一四『「家族」難民――生涯未婚率二五％社会の衝撃』朝日新聞出版。
大和礼子・斧出節子・木脇奈智子編　二〇〇八『男の育児　女の育児――家族社会学からのアプローチ』昭和堂。

BOX3 娘役からみる宝塚歌劇の魅力

東　園子

日本独特の芸能といえる宝塚歌劇（以下、宝塚）は、近年、劇団組織にさまざまな問題があることが明るみに出たものの、女性だけの出演者で男性も女性も演じ、長年にわたり多くの女性客を惹きつけてきた点は、ジェンダーの視点から注目に値する。

宝塚というと、女性でありつつ男性を演じる男役の存在が特徴的で、女性を演じる娘役よりも人気が高い。だが、女性が多くを占める宝塚ファンには、娘役が好きな人もいる。本稿では女性にとって娘役が持つ魅力を考えてみたい。

現在の宝塚では、上演作品のほとんどで男女の恋愛が描かれる。私がかつて宝塚ファンにインタビュー調査をした際に興味深かったのが、宝塚の舞台で恋愛ものを上演してほしい理由として、「娘役が見たいから」という声があがったことだ。宝塚では基本的に男役が主役を務め、娘役の一番大きな役は主人公の恋愛・結婚相手であることが多い。娘役に（も）関心があるファンは、男役中心の宝塚で恋愛もの以外の物語が上演されると、娘役の活躍の場が減るのではないかと心配していた。

ここから、宝塚ファンは、娘役が恋人や妻以外の形で男性主人公と大きく関わる役どころを思いつきにくいことがうかがえる。もちろん、世の中には異性愛関係にない男女二人を中心とした物語が数多くある。だが、そこでの女性の役柄は、仕事や戦闘での男性のパートナーやライバルだったり、娘や母親（的存在）だったりすることが多い。そのような役では娘役の魅力を存分に発揮できない可能性がある。

宝塚の男役／娘役は、男性性／女性性を演じる専門家という性格を持つ（そのため、〝男っぽい〟性格の女性は男役が演じることもある）。宝塚の公演は若い男女の役が中心となることが多く、そこでヒロインとなる娘役には、男役のシャープな魅力とは異なる優雅さ、愛らしさ、清楚さといった肯定的な女性性が必要とされる。そのような役柄を得意とする娘役は、恋愛中心の物語でないと重要な役目を担えないのでないかとファンは危惧しているのだ。このことは、宝塚の娘役が体現する女性性が、男性の異性愛の相手として求められる資質を元に構成されていることを示唆している。

社会の中での女性性のあり方は、男性中心的な社会を利する形で作られている面がある。宝塚のヒロインにしばしばある、心優しく愛情豊かで素直な〝女らしい〟女性は、男性にとって都合のいい存在になりがちだ。そのため、そのような女性に対して、男性に利用されかねない危うさや、それに気づかないことへの苛立ちを感じる女性もいる。

だが、宝塚の舞台はファン層の中心である女性を意識して作られており、そこに登場する男性像はおおむね女性から好感を得やすい造形になっている。そのため、悪役以外は女性の純真さに付け入ってひどい目にあわせたりしないのが原則である。したがって、宝塚では「彼女はこの男性にいいように遊ばれているのでは？」といった不安を感じることなく〝女らしい〟女性を見ていられる。また、娘役が演じるヒロインは、女性客に反感を抱かれないよう、男性に媚びるといった、多くの女性から嫌われやすい態度は基本的に取らない。

宝塚ではこうした形で、現代ではめずらしいほど古典的な〝女らしさ〟を持ったヒロインであっても、女性客に受け入れられやすくしている。そのため、宝塚は、男性のためのものだった女性性を、女性が安心して楽しめる場にもなりうるのだ。

もっとも、最近の宝塚では、娘役演じるヒロインが男役演じる男性主人公と異性愛関係にならない作品が以前よりも増えている。これは、女性の活躍の場が広がり、恋愛や結婚以外の形で男性と密接に関わる機会が増加している世相を反映しているのかもしれない。そのような社会の中で、「娘役らしさ」という女性が楽しむ女性性はこれからどうなっていくのだろうか。

参考文献：東園子『宝塚・やおい、愛の読み替え——女性とポピュラーカルチャーの社会学』二〇一五年、新曜社。

（あずま　そのこ　京都産業大学准教授）

8　シェアする――共同生活とジェンダー役割

共有（シェア）するってどういうこと？

シェアオフィスやカーシェアリングのみならず、シェアハウスといった比較的新しい共有（シェア）のかたちが、現在では一定の定着をみせている。具体的には、一九九〇年代の終わり頃から、共有（シェア）は私有に限られない新しい働き方や消費生活のあり方を象徴する、ひとつのキーワードになってきた。たとえば、労働の場面では、会議室やコピー機など事務機能の一部を複数の企業で共有することで経営の効率化をはかる「シェアオフィス」が、ベンチャー企業を中心に一般化した。生活の場面でも、使用頻度に比べて維持管理費が割高な自動車を共同で利用する「カーシェアリング」の試みも、大手レンタカー会社や貸駐車場事業社によって広く展開した。住居についても、自分ひとりの個室を確保したうえでリビングやキッチンなどの居住設備を他人と共同利用する「シェアハウス」が、若年層を中心に広く知られるようになった。それ以前であれば新品を購入して家族や個人が独占的に使用するのが当然と考えられていたものを、複数人で購入・所有したり（共同所有）、夫婦や家族以外の他人と共用したり

（共同利用）といった、新しい消費・生活様式が広がってきたようにもみえる（三浦　二〇一二）。あるいは、フリマサイトやオークションサイトを通じて中古市場で購入と転売をくりかえす（中古利用）ことも、広い意味での共同利用と呼べるかもしれない。こうした動きは、高価な物を独占的に私有するためにお金を稼ぐ資本主義社会が限界を迎え、共有（シェア）を基盤とした新たな時代を告げるものだと考える企業家や社会活動家もいる（ボッツマン／ロジャース　二〇一〇、石山　二〇一九）。

しかし、「私有から共有へ」という単純な見方は、私たちがこれまでも実際にはさまざまなものを共有して生活してきたという事実をみえなくしてしまう。たとえば、私たちは政府や地方自治体への税金を通じて、多くの公立学校や病院、橋や道路を共有している。また、公共交通機関を通じて、バスや鉄道を共用しているということもできるかもしれない。移動のたびに車や運転手を手配するよりも、バスや鉄道でずっと便利に、ずっと遠くまで、ずっと安価に移動することができる。あるいはまた、複数の一軒家を建てるよりも集合住宅を建てた方が、同じ面積の土地により多くの住人を住まわせることができるだろう。さらに、シェアハウスといっても、これまで私たちがみな一人ひとりバラバラに生活していたのに突然集まって暮らし始めたというわけではない。現に、私たちの多くは家族と住宅を共同利用して生活しているが、これは「シェア」とは呼ばれない。

では、現代社会を考えるうえで、「シェア＝共有」することはどのような意味をもつのだろうか。本章では、共有実践の中でも、主に若者を中心としたシェアハウスについて検討することで、私たちにとって避けられない、社会における財産の共同管理や資源の共同利用のあり方を、とりわけジェンダーの視点から検討していきたい。

シェアハウス増加の背景と日本の家族主義

親元を離れて家賃の高い都市部に移った若者同士が共同で住居を借り、おもにリビングやキッチン、トイレ、バスを共用して生活することで家賃や光熱費を節約する、いわゆるルームシェア（shared room/shared flat）は、イギリス・アメリカを中心とした欧米諸国ではごく一般的な居住スタイルのひとつである。たとえば、イギリスではエリート候補者向けの寄宿舎学校（パブリックスクール）という学生寮文化の伝統があり、学校の敷地内にある寮で上級生や下級生が、ときに教員も含めた共同生活を送る。映画『ハリー・ポッター』などでこうした一場面を観たことがある人も少なくないだろう。高等教育が大衆化した現在でも、親元から離れて勉強するために格安の学生寮に入るのは大学生の権利であると考えられており、また、学生時代に他人との共同生活を経験することはある種の社会勉強、大人になるためのプロセスととらえられてきた。この背景には、イギリス・アメリカでとくに強い「自立規範」によって、学生に限らず成人したら親元を離れて経済的に自立することが強く推奨されることと関係している。寮での他人との共同生活は、単独では経済力に乏しい若年期に、協力しあって安く快適な住居にアクセスするための工夫のひとつであり、学校の外でも気の合った仲間とルームシェア等へ移行することを容易にもしている。

これに対して、日本では近代化以降大戦後までは欧米にならったエリート養成施設としての学生寮が存在したものの、七〇年代から学生寮や下宿といった共同生活形態が衰退していくと、経済基盤の弱い学生時代や若年期であっても、むしろ割高なひとり暮らしが主流になっていった。一九七六年に新宿区西早稲田で単身者向けワンルーム・マンションが誕生すると、二〇平米を割る狭くて割高な価格設定にもかかわらず全国に広がっていった。この背景には、当時の比較的良好な経済環境と、学費・住居費・生活費を原則として両親が丸抱えする日本の教育・家族政策の存在が指摘できる。その結果、学生寮は権利よりも「福祉」として位置づけられるようになり、他人との共同生活は困窮ゆえのやむをえないもの、できれば避けたいものと考えられていたようである。それゆえ、ルームシェアは、都市部のとりわけ学生街では、地方出身の苦学生や、単独での賃貸契約が難しい留学生等を中心に、生活費を節約するタイプの互助的なものとして限定的に実践されていた。この時期には、学卒後結婚までの期間が比較的短く、在学時や若年期の生活はやがて結婚して暮らすまでの仮の住まいにすぎないものとして認識されていたことも関係している。

ところが、一九九〇年代になると、ようやく日本でも他人との共同生活が、若年単身期の住まい方の選択肢のひとつとして浮上してくる。とりわけ、それまでの互助的な自主運営型のルームシェアではなく、事業者が媒介して個別に居住者を募集・契約する事業者型のルームシェアが台頭し、差別化をはかるために二〇〇〇年頃から「シェアハウス」と呼ばれるようになると、雑誌記事やウェブでの紹介が増え、ドラマや映画の舞台としても取り上げられるなど一気に注目されるようになる。事業者の統計によると、二〇一三年には一五年間で一〇倍以上の二万ベッドにまで拡大し、シェアハウスは首都圏が九割、入居者のうち女性が七割、二〇代から三〇代が九割であった（ひつじ不動産監修　二〇一〇）。こうした背景には、長引く不況で世帯収入が落ちこんだこと、**非婚化・晩婚化**によって学卒後結婚までのひとり暮らし期間が延長されていくにしたがって、割高なひとり暮らしのコスト感が増大したこと（阿部・茂原　二〇一二）、そして、海外ドラマ等の影響による他人との共同生活のイメージが転換されたことなどが考えられる（久保田　二〇〇九）。とはいえ、都内に限ってもシェア世帯は単身者向け住宅全体の〇・三％程度を占めるにとどまり（ハイライフ研究所　二〇一三）、欧米のように他人とシェアして暮らすことが、大人になる過程で誰にとっても当たり前の選択肢になったとまではいえず、いまだ過渡期段階にあるといえるだろう。

このように、日本で遅れてルームシェア／シェアハウスが普及してきたことの背景として、若者が大人になることについての文化や伝統の違いだけでなく、家族主義的な日本の社会制度とそのゆらぎが指摘できる。割合はまだ少ないとはいえ、シェアハウスでの共同生活は、少ない収入でも親元から自立して生きていくための生存戦略のひとつとして、今後も重要な意味をもっていくだろう。

シェアハウスの「メリット」

そもそも、他人と住居をシェアすることで具体的にどんなメリットがあるのだろうか。まず、シェアハウスに限らず、設備の共有／共用によって個人がメリットを得るメカニズムとして、経済学でいう「**規模の経済性**（scale merit）」がある（久保田　二〇〇九）。「規模の経済性」とは、ごく簡単にいえば大人数で設備を共用することで一人当たりの固定費が割安になっていくことである。たとえば、一軒家に一人で住む場合と四人で住む場合とを比べてみよう。四人で住む場合、仮に電気の使用量が四倍になって四倍の使用料を支払ったとしても、固定されている基本料金は四分割することができるので、一人当たりの電気代は安くなる。もちろん、一人で住むのに一軒家を借りることは少ないので、厳密には計算は複雑になるが、規模の経済性は、家賃、電気代、水道代、ガス代、インターネット使用料、動画配信サービス料だけでなく、居住者で取り決めれば米や牛乳、余らせがちな調味料や、各種サブスクや共通の趣味などの共同消費にもはたらき、全体としてはひとり暮らしの場合よりも効率的に生活設備・日用品を利用することができる。

また、家に帰れば誰かがいるという生活には、ひとり暮らしに比べて怖くない、寂しくない、場合によっては楽しいといった安全面・情緒面でのメリットが挙げられることもある。男性にはあまりピンとこないかもしれないが、オートロックマンションや防犯設備といった女性がひとり暮らしの安全のために支払っている多くの経済的・心理的コストの一部は、住居のシェアによって免れうる。実際、「孤独の解消」といった消極的な側面だけでなく、個室のドアを開ければ挨拶を交わせる距離での、趣味や関心も近く、よく似た悩みや境遇を抱えた同世代の若者同士の交流や連帯というより積極的な側面は、シェアハウスの最大の利点としても語られている（久保田　二〇〇九）。女性に比べてひとり暮らしの不安や寂しさを感じたり口に出したりしにくい男性の中でも、以前のひとり暮らしをふりかえって「あのとき自分は孤独だったんだと、後から気がついた」と評するシェアハウス居住者の例もある。

さらにまた、実家暮らしと比べると、家族の中での役割から相対的に自由な生活ができるのもシェアハウスの利点である。たとえば、実家では子どもの学業や生活に責任をもつ両親によって、程度の差こそあれ、子どもは子どもとしての役割を強制され、監督され、干渉されることになる。親から厳しく生活習慣や交友関係をチェックされることに辟易した経験をもつ人も少なくないだろう。これに加えて、「女の子なんだから」というきょうだい役割や、弟や妹がいれば、「お兄さんなんだから」「お姉さんなのに」というきょうだい役割を根拠に不利益を受けることもある。こうした「家族役割」から解放されることは、もちろん実家を出てひとり暮らしを始めることでも可能になるが、両親のような家族的責任をもたないシェアメイトとのほどよい距離感の共同生活の中でも、達成されうるものである（久保田 二〇〇九）。とくに、首都圏のシェアにおける若年女性比率の高さからは、日本では長らく「男性は（進学・就職を契機に）家を出るべき」「女性は（結婚するまで）家に残るべき」といった離家に関する規範の男女差が大きいことが指摘されてきたが（林 二〇一八）、経済的・規範的に実家から出たくても出にくい若年女性の受け皿としてシェアハウスが一定の機能を果たしていることが推測できる。

シェアハウスの「コスト」

他方で、住居をシェアすることによって生じるデメリットには、経済学でいう「混雑（congestion）」や「取引コスト（transaction costs）」がある。

まず、「混雑」とは、他人と生活設備を共用する以上は、独占使用の場合に比べて使用量や時間、タイミングが制約されることで生じる不利益である。たとえば、急いでシャワーを浴びてトイレを済ませて出かけなければならないときに、誰かが湯船に浸かってインスタライブを観ているかもしれないし、トイレでショート動画に没頭しているかもしれない。キッチンを使いたいときに他の誰かが汚れた食器をそのままにしているかもしれない。大規模なシェアハウスであればシャワーやトイレやキッチンを複数設けて混雑を緩和することもある程度は可能だが、設備を増やしすぎれば逆に規模の経済性は失われてしまう。逆に、ひとり暮らしのように家賃もメンテナンスもすべて一人でまかなうのであれば、こうした混雑は起きえない。

それゆえ、シェアに際しては、他の利用者と話しあったり、ルールを決めたり、決めたルールを守らせたりする時間と手間、すなわち広い意味での「取引コスト」や「合意調達コスト」が必要になる（久保田 二〇〇九）。たとえば、シャワーの時間を決めたり、キッチンの使い方にルールを設けたり、定例ないし臨時のミーティングを開いて調整したりといった実際的・心理的な面倒を引き受ける必要がある。実際、一九九〇年代以降のシェアハウスの増加は、こうした居住者間の調整をシェア事業者が肩代わりするようになったことに起因している。

このように、経済的なものから心理的なものまで含め、他人と住居をシェアする利点がコストを上回るかぎりにおいて、シェアは居住者に選ばれることになる。裏を返せば、シェアハウスにおけるさまざまなメリットが存在してもなお、依然として日本でシェアハウスが欧米ほど広まらない理由は、他人と住むことは一人で住むことや家族と住むことに比べて、「面倒」＝「コスト高」であると考えられているからでもある。他人と住むことの経済的な利点は、他人と住むことの「面倒」によってまたたく間に相殺され、赤字に転落してしまうかもしれない。あるいは、週に一回シェアメイトと顔を合わせることの楽しさは、週に六回シェアメイトと共有スペースの使い方をめぐって言い争うことに比べて魅力的とはいえないかもしれない。

相対化されるジェンダー役割

もっとも、共同生活における利点やコストは他人との共同生活に限ったことではなく、家族との共同生活においても同様にあてはまるはずである。実家でのいわゆる親元暮らしも、恋人との同棲も、夫婦二人の暮らしも、個室の有無にかかわらず、リビングやキッチン、バス、トイレを共用するという点ではシェアハウスといえなくもない。そこには家賃の分担があり、家事の分担があり、利害の対立があり、調整の必要性がある。恋人であれ、家族であれ、一生ひとりで暮らしていかないかぎり、共同生活における他人との衝突や調整といった「面倒」を逃れることはできない。にもかかわらず、家族だけは面倒でないもの、家族だけは利害が対立しないものという思いこみによって、家族とシェアの境界が引かれてしまう。

実際、結婚や家族を子育て中心に考えていた時代ならともかく、より個人を中心に考えられるようになってきた現代では、共同生活としての家族とシェアの境界線はずっと曖昧になっている。結婚したくてもできないことが問題になる一方で、結婚を強制されたり離婚を抑制されたりする社会的圧力もゆるやかになってきており、子どもをもたないことも個人の選択であると考えられるようになっている。夫婦ともに職業キャリアを継続しながら協力しあって子育てができるよう、ケアサービスの社会化が政治的課題になって久しい。子どもの有無や年齢にもよるが、夫婦に愛情がなくなれば離婚することも許容されるようになり、全婚姻に占める離婚の割合は三分の一にまで達している。もはや結婚は、夫と妻からなる不可分一体のコミュニティというよりも、独立した二人の個人が互いの経済的・感情的な利益が一致するかぎりにおいて維持されるアソシエーションに近づいており、家事や育児の分担をめぐるコンフリクトが問題になるのもそのためである。

とすれば、家族とシェアをひとまず連続的にとらえてみることで、家族規範や異性愛規範から相対的に自由なシェアハウスの実践からは、家事分担がジェンダー役割から切断される様子がみてとれる。すなわち、たとえば男女混合のシェアハウスであっても、他人同士であるがゆえに共同生活者は対等であり、当然ながら男性だから家賃を多く入れたり、女性だから家事を多く担ったりという直接的なジェンダー役割によって負担が不平等に割り振られることは原則的にありえない。むしろ、複数の他人と共同生活する中で、きれい好きで料理が得意な男性もいれば、ずぼらで掃除が苦手な女性もいるという当たり前の事実に気づかされる。掃除は好きだが料理は嫌いだという女性もいれば、洗濯は好きだが掃除機をかけるのは嫌いだという男性もいる。重要なのは、さまざまな家事への期待水準をもつ人がいて、さまざまな家事スキルをもつ人がいるのを前提として、共同のルールを設定し、ある程度は我慢して、どうやって共同で生活していくかという点にある。

もっとも、生まれてから大人になるまでのジェンダーに基づく社会化の結果として、男性よりも女性が平均してより高い家事への期待水準と家事スキルをもちがちなことも事実であり、このことが公正な家事分担を難しくしている。たとえば、実際に妻と比べて夫の家事のスキルが低すぎるために、ジェンダー平等を志向する夫婦であっても合理的に家事を分担しようとするだけで妻に負担が偏ることがある。これは直接的には男女の性別による分担ではないが、間接的・確率的に家事分担のジェンダー格差を押し広げてしまう。同様に、シェアハウスでは直接的にジェンダー役割を押しつけられることはないとしても、多くの女性が望ましい水準の家事を我慢し、多くの男性が望まない水準の家事を強いられるということはめずらしくない。

このように、夫婦に特有のものと考えられてきた家事分担の問題は、実際にはシェアハウスを含む他人と暮らすことの「面倒」の問題、すなわち、より広い意味での共同生活一般の問題と連続している。とりわけ、夫は稼ぎ手・妻は専業主婦という性別分業にもとづいた近代家族を目標として、期待される家事水準や家事スキルにおいて男女が異なってジェンダー化されることは、夫婦という共同生活と、他人同士のシェアの双方に影を落としていることがわかる。

だとしても、近代家族に比べれば、シェアハウスという家族規範や異性愛規範から相対的に離れた共同生活実践の広がりは、そこで暮らす男女にジェンダー役割を相対化するためのきっかけを与える可能性もある。稼ぎ手である夫の賃金と専業主婦の家事労働と家族の愛情によって結びつけられた従来の近代家族的な「住まいの共有」モデルに新しく対抗するものとして、より短期的ではあるが、個人主義的であると同時に共同的な「住まいの共有」のモデルを提供してくれる。

伝統的な「共有（コモン）」の可能性と危険性

「共有（share）」の問題が注目される以前から、社会学において共有の問題としてとりあげられてきたのは、「共同・共有（common）」の資源管理の問題であった。同じ「共有」と和訳される語でも、「シェア（share）」と「コモン（common）」では焦点が異なっている。もっとも有名なのは「共有地の悲劇（The Tragedy of the Commons）」として知られる議論である。「共有地の悲劇」とは、生態学者であるギャレット・ハーディンが一九六八年に発表した考え方であり、一言でいえば資源管理の方法として共有よりも私有が優れている理由について説明したものである（Hardin 1968）。たとえば、農場主が牧草地に牛を放牧する場合、私有地であれば牛が牧草を食べつくしてしまわないように農場主自ら調整するはずだが、共有地に放牧する場合は、複数の農場主が自らの利益を最大化しようと際限なく牛に牧草を食べさせる結果、最終的に牧草地は荒れ果てて、すべての農場主が不利益を被ることになる。これと同じしくみが、公海における魚の乱獲や、二酸化炭素の排出、水質汚染、知的財産権といったさまざまな問題にも同様にあてはまり、ハーディンの理論は広く共有された資源管理の難しさと、私有財産の保護の根拠として用いられてきた。

これに対して近年では、高度化する資本主義がもたらす貧困や格差が社会における共同性を脅かしてしまうことの問題や、人類最大の共有物である地球・環境問題への関心の高まりとともに、たとえ困難であるとしても何とかして共有資源の共同管理の問題に取り組もうとする議論も展開されている。たとえば、私的所有以前の共同体的な共有関係を「コモンズ論」として現代的に再評価しようとする井上真は、これまでのコモンズ論は法的な「所有」制度にもとづく議論であったとし、議論の対象として共同利用と管理の実態に着目すべきだと主張している（井上　二〇〇八）。

だとすれば、これまで「共有＝共同所有」を中心に行われてきた議論を、もう一度「共用＝共同利用」の観点から再検討することも必要になってくる。たとえば、住宅の所有者ではなく使用者＝居住者の観点から民主的な共同生活を再検討するデンマークの「テナント・デモクラシー」ないし「ユーザー・デモクラシー」と呼ばれる議論は、住宅所有者ではなく現にそこに住む住宅居住者自身による住宅の民主的な共同利用・共同管理に注目する（小池・西　二〇〇七）。また、日本においても近年大きく展開されている多世代型の民主的・合理的共同住宅としての「コレクティブハウス」（小谷部ほか編　二〇一二）の試みや、本章で紹介したシェアハウスの試みも、近代家族が一軒家を私有して暮らすという所有モデルに対して、実際にそこに暮らす人々の共同性に焦点化する共同利用モデルに近いものと考えることができるだろう。

もっとも、共同所有ではなく共同利用のレベルに視点を移すとしても、共同的であることは、歴史的・伝統的な差別や抑圧、排除と背中合わせであることは否定できない。その代表的な例として、沖縄で米軍基地のため貸し出された**入会地**の地代の分配をめぐる訴訟の例を紹介しよう。入会地とは、村落などによって伝統的に共有された山林や里山であり、村の成員であれば自由に薪や用材を採取してよい権利（入会権）をもっている。米軍に接収された山林に慣習上の入会権をもつ沖縄のある地域は、地代として国から毎年五億三五〇〇万円を受け取っていた。なかでも米軍基地が町の六割を占めるX町の地元団体は、このうち三億四〇〇〇万円を正会員に分配していたものの、慣習で会員資格を男性に限っていた。これに対し、町の女性二六人が、憲法に定める男女平等原則違反ではないかとして、正会員の地位確認と過去一一年間の地料分配七七〇〇万円の支払いを求め訴訟を起こしたものである。これについて最高裁小法廷は二〇〇六年に「慣習によって正会員を男性に限る」としたことは憲法の理念に照らして無効としたものの、世帯主であれば女性であっても正会員になれたことを重くみて、世帯主であった二人以外の二四人の女性の訴えを退けた（中村　二〇〇八）。

この事件で問題になったのは、伝統的な地域のつながりである「入会権」を保護しようとすると、否応なしに伝統的な男女差別を呼びこんでしまう危険性である。最高裁は、X町の慣習のうち、正会員を男性に限るとする慣習の直接的な女性差別は問題視したが、正会員を世帯主に限ることで実質的には女性を正会員から排除する間接的な女性差別を問題にすることはできなかったのである。

共同所有と共同利用をめぐる課題

ここまでみてきたように、近年注目されている共有（シェア）に関する議論は、単に「私有から共有へ」という図式では説明しきれないことがわかる。注意して避けなければならないのは、一方では、財産・資源管理の方法としてつねに私有が優れており共有は失敗を運命づけられているとする悲観的すぎる議論であり、他方では、共有はすばらしいものでありより多くを共有することで私有の問題は解決できるとする楽観的すぎる議論である。そうではなく、共同所有にせよ共同利用にせよ問題は共有の「質」であり、具体的には、誰とどのような条件のもとで、どのように資源を共有し共用できるかをくわしく検討していくことである。

本章では、近代家族にせよ、前近代的な村社会にせよ、特定の歴史や伝統と結びついてきた共同所有や共同利用の観念のなかには、男性と女性を根本的に異なるものと考えるジェンダー役割が埋めこまれていることを指摘した。現代において共有（シェア）の意義を再評価するためには、こうしたジェンダーの視点が不可欠になるだろう。

（久保田裕之）

引用・参考文献

akky　二〇〇二『ルームシェアする生活――チープな家賃で仲間と愉快に暮らす』二見書房。
阿部珠恵・茂原奈央美　二〇一二『シェアハウス――わたしたちが他人と住む理由』辰巳出版。
石山アンジュ　二〇一九『シェアライフ――新しい社会の新しい生き方』クロスメディア・パブリッシング。
井上　真　二〇〇一「自然資源の共同管理制度としてのコモンズ」井上真・宮内泰介編『コモンズの社会学――森・川・海の資源共同管理を考える』新曜社。

――― 二〇〇八「コモンズ論の遺産と展開」井上真編『コモンズ論の挑戦――新たな資源管理を求めて』新曜社。
恩田守雄　二〇〇六『互助社会論――ユイ、モヤイ、テツダイの民俗社会学』世界思想社。
久保田裕之　二〇〇九『他人と暮らす若者たち』集英社新書。
小池直人・西　英子　二〇〇七『福祉国家デンマークのまちづくり――共同市民の生活空間』かもがわ出版。
小谷部育子・住総研コレクティブハウジング研究委員会編　二〇一二『第三の住まい――コレクティブハウジングのすべて』エクスナレッジ。
鈴木龍也・富野暉一郎編　二〇〇六『コモンズ論再考』晃洋書房。
鳥越皓之　一九九三『家と村の社会学〔増補版〕』世界思想社。
――― 二〇〇四『環境社会学――生活者の立場から考える』東京大学出版会。
中村　忠　二〇〇八「入会権の主体と権利帰属の法的構造についての一考察――入会権の主体論を中心に」『高崎経済大学論集』第五〇巻三・四号。
ハイライフ研究所　二〇一三『第二三回ハイライフセミナー講演録　シェア――シングル化が進める都市の新しいスタイル』公益財団法人ハイライフ研究所。
林　雄亮　二〇一八「戦後日本の離家現象――趨勢と離家理由に着目して」『二〇一五年SSM調査報告書2　人口・家族』二〇一五年SSM調査研究会。
ひつじ不動産監修　二〇一〇『東京シェア生活』アスペクト。
ボッツマン、R／ロジャース、R　二〇一〇『シェア――〈共有〉からビジネスを生みだす新戦略』（小林弘人監修・解説、関美和訳）NHK出版。
三浦　展　二〇一一『これからの日本のために「シェア」の話をしよう』NHK出版。

宮内泰介　二〇〇六「レジティマシーの社会学へ——コモンズにおける承認のしくみ」宮内泰介編『コモンズをささえるしくみ——レジティマシーの環境社会学』新曜社。

Hardin, G. 1968 "The Tragedy of the Commons," *Science*, Vol.162.

Lessig, L. 1999 *CODE and Other Laws of Cyberspace*, Basic Books.（＝レッシグ、L　二〇〇一『CODE——インターネットの合法・違法・プライバシー』山形浩生・柏木亮二訳、翔泳社）

9 楽しむ――「推し」とジェンダー

ジェンダー化された趣味、楽しみ

個々人が自由に選び取っていると思っている趣味や楽しみであっても、じつはジェンダー構造と無縁ではない。そのように細かな日常生活まで、決して社会の仕組みから無関係ではいられないことをこの章ではみていくこととしよう。

ここで注目するのは、いわゆる「**推し**」である。「推し」とは、他人に薦めたくなるほどに愛好している人やものを指す言葉であり、また「**推し活**」とはそれを応援する一連の活動を意味する言葉である。だが、同じ言葉を用いていても、その実態は多様であり、ジェンダー構造との関連でいえば、女性をその中心としつつも男女での違いも想像される。こうした論点について、データに基づきながら実態を明らかにしつつ、その社会的背景についても理解を深めていくこととしたい。

さて、趣味や楽しみがジェンダー構造と深く関連していることの意味は両義的である。男らしい／女らしい趣味など、快楽に複数のパターンが成り立つともいえるが、**性別役割分業**の再生産やその他の問

表9-1　ジェンダーと趣味

（%）

	男性（n=275）		女性（n=460）	合計（n=735）
Q5_1　音楽鑑賞・オーディオ***	65.1	<	77.8	73.1
Q5_4　動画視聴***	50.9	<	63.7	58.9
Q5_8　マンガ*	52.7	>	43.9	47.2
Q5_7　アニメ**	49.8	>	38.9	43.0
Q5_3　映画や演劇***	28.7	<	47.6	40.5
Q5_22　アイドルやタレントなどのおっかけ***	17.1	<	52.6	39.3
Q5_12　カラオケ n.s.	34.2		36.1	35.4
Q5_24　インターネット n.s.	38.9		32.6	35.0
Q5_19　ファッション***	17.1	<	39.1	30.9
Q5_13　ゲーム（スマホアプリ）***	39.6	>	25.0	30.5
Q5_10　小説・文学・哲学の読書*	24.7	<	32.4	29.5
Q5_17　食べ歩き***	14.9	<	34.3	27.1
Q5_5　スポーツ観戦***	41.5	>	13.9	24.2
Q5_20　国内旅行 n.s.	23.6		24.1	23.9
Q5_14　ゲーム（PC・ゲーム専用機）***	40.0	>	14.1	23.8

注：n=735、MA形式、ランキング上位15位までの男女差

題点の温床ともなりかねない点には留意すべきだろう。

表9－1は、東京圏の大学生を対象とした調査（調査の詳細は、辻（二〇二四）参照）において、現在の趣味について複数回答形式で尋ねた結果である。項目が多岐にわたるため上位一五位までの項目に絞り、さらに回答者の性自認を元にして、男性と女性との対比を行い、有意な差がみられたものについては、表中に不等号で示してある。

ここからは特徴的な点がいくつも指摘できるが、第一に男女差のみられない項目が少なく（「カラオケ」「インターネット」「国内旅行」の三つだけである）、逆に多くの趣味において男女差が目立っている。第二に、男性の方が多い趣味は数が少ない

だけでなく、ジャンルにおいても偏りがみられるのに対し（いわゆる二次元オタク文化的な「マンガ」「アニメ」「ゲーム」か「スポーツ観戦」が該当）、女性の方が多い趣味は、「音楽鑑賞・オーディオ」「動画視聴」のようなコンテンツ文化に関わるものから、「ファッション」「食べ歩き」にいたるまで多様である。

女性を中心とする趣味はそのように多様な広がりをもつが、その中でも本章では、表中でももっとも差が開いている「アイドルやタレントなどのおっかけ」（男性一七・一％に対して女性五二・六％）のようなファン文化に注目する。すなわち、さまざまな趣味や楽しみの具体例がありうる中で、近年では「推し」や「推し活」などといった言葉によって注目を集めている、愛好する人やものに関するファン文化を取り上げていくこととしたい。

趣味、楽しみを社会調査から考える

具体的なデータを分析する前に、関連する先行研究について触れておこう。こうした趣味や楽しみについて、アンケート調査に基づいてなされた社会学的な研究は、その現象としての広がりと比べて、決して多くはない。その理由として、第一には趣味や楽しみのジャンルがあまりにも多様で細分化しすぎているがゆえに、計量的な分析がしづらいという点が挙げられる。このことは、先の表における項目の多さを振り返ってみても想像されよう。そして第二には、そうした趣味や楽しみのような、個々人の「主観的」なことがらを「客観的」に明らかにすることの難しさが指摘できよう。よってこれまでは、個別の趣味や楽しみの世界を、インタビューなどの質的な手法で深く掘り下げる研究が多くなされてきた。

その一方で、日本社会において数少ないながらもこうした対象について、アンケート調査に基づいてなされた先行研究を紹介していこう。

一つには、宮台真司らによる、主に一九九〇年に首都圏と関西圏の大学生を対象に行われたアンケート調査に基づく研究があり、その成果は後に『増補　サブカルチャー神話解体』（宮台・石原・大塚　二〇〇七）としてまとめられることとなった。先の表の項目もその調査に倣ったものである。

宮台らの目的は、その書名にも表れているように、趣味や楽しみの世界を、たとえば所属階級のような何らかの社会属性によるサブカルチャーとして理解することを批判し、いくつかのコミュニケーションのパターンとして理解することにあった。それゆえに、年齢の違いや職業の有無といった変数を考慮せずに済むように、大学生のみをアンケート調査の対象とし、メディア情報の接し方や対人関係のありようから、五つの人格類型を抽出することとなった。これらはさらに大きく二つに分かれ、一つがファッションや流行に敏感で対人関係も積極的なタイプ、もう一つがそれらとは距離を取りつつ、やや夢見がちでいわゆる二次元のコンテンツと親和的なタイプであった。前者がいわゆる「**新人類**」、後者がいわゆる「**オタク**」であって、それぞれのフォロワー層に加えて、どこにも属さない孤高のタイプを加えて五類型が導き出されたのである。趣味や楽しみの世界を、できるだけ既存の社会属性に還元せず、コミュニケーションのパターンとして整理する目的は一定の成功を収めたといえるだろう。だが、その研究の中でも触れられている通り、ジェンダーによる差は大きく、当時でいえば、「新人類」には女性の、

「オタク」には男性の割合がそれぞれ多くなっていたのも事実であった。

そのように、日本社会においては、実証的な手法で趣味や楽しみの世界をとらえようとすると、ジェンダー構造との結びつきの強さに結果的に行き当たることは、そののちの研究においても共通している。

欧米では、フランスのピエール・ブルデュー（二〇二〇a、二〇二〇bなど）に倣って、**階級や文化資本**との関連で趣味や楽しみの世界をとらえようとする実証的な研究も多く存在するのだが、日本でもそれと問題意識を同じくする研究や、方法論的に参照した研究などがなされてきた。だが興味深いのは、やはり結果的に明らかになるのは、ジェンダーとの結びつきの強さであるように思われる。

たとえば前者の研究の例として、片岡栄美（二〇一九）『趣味の社会学』などが挙げられるが、そこから明らかになったのは、階級や文化資本との結びつきの強さというよりも、むしろそれが女性の習い事などに特化しているという、ジェンダーがもたらす特徴的な現象であった。後者の研究の例としては、北田暁大＋解体研編（二〇一七）『社会にとって趣味とは何か』などが挙げられるが、そこで北田が展開していたのは、「オタク文化」が広まった結果における、男女のオタクにおける違いに関する分析であった。

日本社会において、趣味や楽しみの世界とジェンダーが深く結びついている理由としては、他の社会属性の影響が相対的に大きくないという背景も存在していよう。すなわち、欧米社会などと比べれば、階級や人種・民族などの点において、日本社会は相対的に異質性が高くないがゆえに、むしろ文化においては結果的にジェンダーの違いが目立つと考えられるのである。

これと関連して、筆者は以前に、社会学的な視点から文化の楽しみを、三つの次元に分類したことがある。すなわち、「ここではないどこか」への憧れやロマンに代表される「社会＝超越性」、他者とのコミュニケーションに関する「集団＝関係性」、そして自分自身で感じる「自己＝身体性」、という快楽の三次元である。その上で、男性の文化が「社会＝超越性」と「自己＝身体性」の快楽を、女性の文化が「集団＝関係性」と「自己＝身体性」の快楽をそれぞれ中心としながら形成されてきたものとして対比した（宮台・辻・岡井　二〇〇九）。先の、男性に多い「オタク」と女性に多い「新人類」との対比は、これに近いものだが、その後の社会の変化の中で、こうした構図にも変化が生じていることだろう。以降で、「推し」や「推し活」のファン文化を論じる際に、こうした点も参照していくこととしよう。

「推し」とジェンダー

では、二〇二二年東京圏大学生調査（以降、本調査）の結果に基づいて議論を進めよう。この調査の詳細は、辻（二〇二四）を参照いただきたいが、二〇二二年七月に東京都及び近県の私立大学・女子大学の学生七四三名を対象に、オンライン調査にて行われたものである。いわゆるランダムサンプリングによって得られた調査データではないため、有意差の表記なども参考程度とならざるを得ないが、「推し」や「推し活」といった現象の中心的な担い手と思われる若者たちについて、貴重な知見をもたらしてくれるとともに、調査対象が大学生に限られているがゆえに、相対的に他の変数の影響が少ない状況で、ジェンダーの違いに焦点を当てやすい点なども期待できよう。

表 9-2　ジェンダーと「推し」

（%）

	男性 (n=275)		女性 (n=460)	合計 (n=735)
Q7_1～4　アイドル全般***	28.7	<	62.6	49.9
Q7_14　アニメなどのキャラクター n.s.	26.5		32.2	30.1
Q7_6　俳優・女優**	22.5	<	33.0	29.1
Q7_5　歌手 n.s.	28.7		24.3	26.0
Q7_2　日本の男性アイドル***	8.4	<	35.2	25.2
Q7_11　YouTuber *	29.8	>	22.2	25.0
Q7_1　日本の女性アイドル n.s.	20.7		17.8	18.9
Q7_9　スポーツ選手***	28.7	>	9.1	16.5
Q7_3　K-POP の女性アイドル***	5.5	<	22.6	16.2
Q7_4　K-POP の男性アイドル***	3.3	<	22.4	15.2
Q7_7　お笑い芸人***	20.7	>	9.1	13.5

注：n=735、MA 形式、ランキング上位 10 位までの男女差

知られるように、「推し」という言葉は、二〇〇〇年代以降の女性アイドルの男性ファンたちの文化から広まってきたものである。それゆえに、まずもってその対象にアイドルが挙げられることは想像に難くない。表9－2は、回答者の「推し」の対象を複数回答形式で尋ねた結果である。男女合計で上位一〇位にランキングされたものを挙げ、さらに男女差を比較している（なお「推し」という言葉については、すでに対象者には広く理解されていると考えられたため、特別な定義や説明を付記するよりも、複数回答形式での選択肢を多めに設けることで、問題発見的にその広がりをとらえることを狙いとした）。これをみても男女合計で「アイドル全般」が四九・九％ともっとも多くなっているのがわかるが、実査では日本とK－POPの男女アイドルをそれぞれ分けて尋ねているので、表中でも区分しつつ、以降は分けて論じていく。

この表からさらにうかがえるのは、「推し」の対

象が多様であることと、男女差であろう。

多様さという点についていくと、男女合計の割合でみていくと、「アイドル」に関わるもの以外では、「アニメなどのキャラクター」三〇・一%、「俳優・女優」二九・一%、「歌手」二六・〇%、「YouTuber」二五・〇%、「スポーツ選手」一六・五%、「お笑い芸人」一三・五%と続いており、いわゆる芸能人以外が挙げられている点が興味深く、さらに表記はしていないが、これ以外にも「先輩・後輩」八・六%や「友人」六・八%という回答まであった。またそもそも「「推し」ているものはない」という回答は一一・八%しかなく、九割近い回答者が何らかの「推し」を持っていること自体も大きな知見といえるだろう。

一方で「推し」の対象の男女差もはっきりとした傾向がみられよう。そもそも差のみられない項目が少なく（「アニメなどのキャラクター」「日本の女性アイドル」「歌手」の三つ）、「YouTuber」「スポーツ選手」「お笑い芸人」は男性の、「俳優・女優」「日本の男性アイドル」「K－POPの男性アイドル」「K－POPの女性アイドル」は女性の割合が多くなっていた。総じていうならば、男性の傾向としては、スポーツやお笑いに典型的であるように、何がしかの特定の芸事やスキルに打ち込んでいる対象を「推し」ており、女性の傾向としては、アイドルに典型的であるように、その人の存在そのものが対象となるような「推し」が挙げられているといえよう。加えて女性に特徴的なのは、同性のアイドルという「推し」の存在である。日本とK－POPに共通して「男性アイドル」の割合は女性が多いが、「日本の女性アイドル」では男女差がなく、「K－POPの女性アイドル」では女性の方が多くなっている（男性

表 9-3　最も「推し」ている人の存在感

（%）

	男性 (n=222)		女性 (n=426)	合計 (n=648)
Q14S6　憧れたり、尊敬する存在 n.s.	86.0		88.3	87.5
Q14S9　歌やパフォーマンスを楽しんでいる n.s.	84.2		85.9	85.3
Q14S7　推しと他のメンバーや周りの人々との関係を見守っている***	70.3	<	88.3	82.1
Q14S8　成長する様子を見守っている**	62.6	<	74.4	70.4
Q14S11　友達との会話のネタにしている**	62.6	<	73.7	69.9
Q14S12　自分もそうなりたかったような存在※	59.9	>	52.1	54.8
Q14S10　ファッションやメイクなどのお手本にしている***	17.6	<	35.7	29.5
Q14S2　友達のような存在 n.s.	26.1		27.2	26.9
Q14S4　兄や姉のような存在 n.s.	18.0		21.8	20.5
Q14S1　恋愛対象**	13.1	<	21.4	18.5
Q14S5　息子や娘のような存在***	5.9	<	16.2	12.7
Q14S3　弟や妹のような存在 n.s.	9.9		11.5	11.0

注：「あてはまる」＋「ややあてはまる」を合計した肯定的回答の割合と性別のクロス表（n ＝ 648）

五・五％＜女性二二・六％）。アイドルは、これまで異性愛主義的な対象と考えられてきたが、とりわけ女性においては、同性のアイドルも「推し」の対象へと変わりつつあることがうかがえる。

なお表記はしていないが、これ以外にも女性の方が「推し」に費やす時間やお金がやや多いといった行動面での違いもみられた（辻 二〇二四）。その言葉としての発祥とは逆に、「推し活」という現象はどちらかといえば女性の方が盛んなものとなりつつあるのだろう。

次に、回答者にとって「推し」とはどのような存在であるのかを掘り下げて検討してみよう。表9－3は、もっとも「推し」ている対象について感じることを一二項目に分けて尋ね、肯定的回答の割合（「あてはまる」「ややあてはまる」の合計）を男女合計で多い順に並べ替え、さらにそれぞれについての男女差を比較したものである。

男女差から注目すると、男性の割合が多いものは「場合によっては、自分もそうなりたかったような存在として見ている」（男性五九・九％＞女性五二・一％）だけであった。先にみたように、男性の方が特定の芸事やスキルに精通した対象を「推し」ていることと関連した結果といえるだろうが、女性においても過半数は上回っていた。一方で、女性の割合が多いものは六項目みられたが、「ファッションやメイクなどのお手本にしている」（男性一七・六％＜女性三五・七％）を除いて、「推しと他のメンバーや周りの人々との関係を見守っている」（男性七〇・三％＜女性八八・三％）や「成長する様子を見守っている」（男性六二・六％＜女性七四・四％）といったように、いずれも「推し」と何がしかの他者、あるいは回答者自身との関係性に関わる項目が挙げられていたのが特徴的といえよう。

だがこの表でさらに特徴的なのは、上位と下位の項目の対比であろう。結論を先取りすれば、これまでアイドルについていわれてきたような内容の項目が下位に、逆に、スターについていわれてきたような項目が上位に位置づいているように、一見すると感じられるのである。たとえばアイドルについては、手の届かない憧れの存在であるスターとは違って、「僕たちの／私たちのアイドル」といった言い回しもあるように、より身近な存在として、時に（疑似的な）恋愛の対象とすらなってきた。だが表をみると、兄弟姉妹のような存在感に関するものや「恋愛対象として見ている」といった項目はいずれも三割にも満たずに下位にある。これは、先の表9－2でみたように、とくに女性において同性の「推し」が多く存在していることとも関係していよう。

それと対照的に、一位にあるのは、「憧れたり、尊敬する存在として見ている」であり、「推し」がいる回答者の九割近くが該当しているのがわかる（男女合計で八七・五％）。ただしこれが、かつてのようなスターともまた違う存在であることは他の項目の結果をみるとうかがえよう。すなわち三位に「推しと他のメンバーや周りの人々との関係を見守っている」（同じく八二・一％）が、四位に「成長する様子を見守っている」（七〇・四％）という項目が挙げられているように、「憧れ、尊敬」しつつも、ある意味で主導権は能動的なファンの側にある様子がうかがえる。他にも、「友達との会話のネタにしている」（六九・九％）、「場合によっては、自分もそうなりたかったような存在として見ている」（五四・八％）といった項目が男女合計で過半数を上回って上位に位置づいていることからすれば、いわば「推し」とは「遠さと近さを同時に兼ね備えた存在」とでも解釈できるのではないだろうか。

それは、かつてのスターのように、その才能の凄さに、はるか遠くに位置づくものとして、誰もが画一的に「憧れ、尊敬」するしかなかったのとは違うものなのだろう。むしろ「推し」とは、恋愛対象や兄弟姉妹のような身近な関係性の快楽を満たすものではないが、その成功に向かって努力する姿については「憧れ、尊敬」を感じており、それと同時に、ソーシャルメディアなどを通じて、いつでもどこでも応援することができたり、ファン同士がつながることに、満足を覚えたりするような存在なのだといえよう。そして、先にみたようにその対象が、「アイドル」から「キャラクター」「YouTuber」などにいたるまで、じつに多様であったことからすれば、画一的に「憧れ、尊敬」されたスターとは対照的に、むしろ「推し」とは、やや矛盾めいた表現を用いるならば、「個人化したスター」のようなもの、あるいは「スターへの成功物語を個別に見守られる存在」のようなものだと解釈できるのではないだろうか。

「立身出世〝趣味〟」としての「推し」

ここまで調査データに基づいて「推し」という現象の実態について理解を深めてきた。最後にその社会的背景についても解釈を深めて、本章を締めくくりたい。「推し」という存在が、かつての「スター」や、それに次ぐ時代の「アイドル」ともまた違ったものであることを述べてきたが、結論を先取りすれば、それは、**個人化した「立身出世主義」**のシンボル、あるいは、**「立身出世〝趣味〟」**のシンボルといってもよいのではないだろうか。

「立身出世主義」とは、かつて見田宗介（一九六七＝二〇一二）が指摘したように、欧米社会とは異なった特徴をもって、明治期以降の日本社会が近代的な発展を遂げるにいたった社会的背景として存在していたものである。すなわち「故郷へ錦を飾る」といった言い回しがあったように、出身の共同体の期待を背負いながら、よい学校そしてよい職場へと出世を遂げていくことが人生の成功だとする考え方であり、おおむね高度経済成長期を経て、バブル経済の崩壊に至るまでは、広く存在していたものと考えられよう。

かつての「スター」などは、そうした「立身出世主義」の時代に画一的に崇められたシンボル的存在であったし、出世が期待されたのは主として男性であって、まさしく男性中心社会の考え方であったともいえるだろう。

今日では、もはや終身雇用制も大きく変容するなど、かつての面影がないのは事実ではある。だがその一方で、画一的な学歴・大企業優先志向とも異なったかたちで、自らも努力しながら日々を生き抜いているファンたちが、それぞれに「推し」を見出し、「推し」たちの努力に「憧れ、尊敬」を抱いて応援するような文化が広まっているともいえるのではないだろうか。たとえば、グループアイドルの多くが学校を連想させる制服のような衣装を着ていたり、オーディション番組で成功を競い合う姿が多くの関心を引き寄せていたりするのは、その代表的な現象ではないだろうか。どこかで部分的には、かつての「立身出世主義」との共通点も感じさせるこうした状況は、やはり個人化した「立身出世主義」、あるいは「立身出世〝趣味〟」とでも呼ぶべきものだろう。すなわち、誰もが画一的な成功目標を目指しているわけではないという点において、それは個人化しており、主義というよりは個別の快楽、やはり趣味なのだというべきなのだろう。

本章で述べてきたことを、一言でくりかえせば、「推し」や「推し活」とは、男性中心社会的な「立身出世主義」が崩れ去った後で、女性たちを中心に楽しまれている、「立身出世〝趣味〟」なのではないか、ということである。今日では、社会状況も複雑化し、もはや画一化した人生の成功モデルなど見出しがたい。そしてその分だけ、個々人が明確なゴールもわからないままに、それぞれに努力を求められ、個人化したサバイバルを強いられている。「推し」や「推し活」とは、そのようなこれからの社会をサバイバルしていくうえで、必須の趣味なのかもしれない。

だがその一方で、近年では『令和四年版消費者白書』（消費者庁　二〇二二）でも取り上げられるなど、推し活が消費現象としてマーケティング業界からも大きな注目を集めていることには留意しておくべきだろう。本調査においても、「「推し」に対してのお金は惜しまない」という項目に対する肯定的回答の割合は、男女合計で五四・六％と過半数を超え、また男性四四・六％に対して女性五九・九％と差がみられた（辻　二〇二四）。

このことは、「推し」や「推し活」といった現象が、今後さらに発展していく可能性とともに、努力とサバイバルを強いられた人々が、終わりのない浪費までを強いられる可能性をも示唆しているのではないだろうか。だとするならば、「推し活」も適度に楽しむことが肝要といえよう。

（辻　泉）

引用・参考文献

片岡栄美　二〇一九『趣味の社会学――文化・階層・ジェンダー』青弓社。
香月孝史・上岡磨奈・中村香住編　二〇二二『アイドルについて葛藤しながら考えてみた――ジェンダー／パーソナリティ／〈推し〉』青弓社。
北田暁大＋解体研編　二〇一七『社会にとって趣味とは何か――文化社会学の方法規準』河出書房新社。
消費者庁　二〇二二『令和四年版消費者白書』。

田島悠来編 二〇二二『アイドル・スタディーズ――研究のための視点、問い、方法』明石書店。
辻 泉・大倉 韻・浅野智彦・松田美佐 二〇二三「若者文化は三〇年間でどう変わったか――「遠隔＝社会、対人性、個人性」三領域の視点からの「計量的モノグラフ」（その2）」『中央大学文学部紀要 社会学・社会情報学』第三三号。
辻 泉 二〇二四「立身出世〝趣味〟としての推し――二〇二二年東京圏大学生調査の結果から」『中央大学社会科学研究所年報』第二八号。
ブルデュー、P 二〇二〇a『ディスタンクシオンⅠ――社会的判断力批判〈普及版〉』（石井洋二郎訳）藤原書店。
―― 二〇二〇b『ディスタンクシオンⅡ――社会的判断力批判〈普及版〉』（石井洋二郎訳）藤原書店。
見田宗介 一九六七＝二〇一二「「立身出世主義」の構造」『定本見田宗介著作集Ⅲ 近代化日本の精神構造』岩波書店。
宮台真司・石原英樹・大塚明子 二〇〇七『増補 サブカルチャー神話解体――少女・音楽・マンガ・性の変容と現在』ちくま文庫。
宮台真司・辻 泉・岡井崇之編 二〇〇九『「男らしさ」の快楽――ポピュラー文化からみたその実態』勁草書房。

BOX4 女子マンガが教えてくれること

トミヤマユキコ

日本は世界有数のマンガ大国であり、マンガと市民の距離がとても近い。日頃マンガを読まないひとでも、マンガ原作のアニメが流れているのを目にしたり、お菓子のパッケージにマンガのキャラがプリントされているのに気づいたりするはず。たとえまったくの未読であっても、人気作品のあらすじが言えてしまう、なんてこともありそうだ。

マンガを読まないひとですらそうなのだから、マンガを読むひとにとって、マンガはさらに身近なものである。電子書籍やアプリの登場によって、手軽に楽しめる娯楽としての地位は、いよいよ揺るぎないものになっている。

多くの読者はマンガを娯楽として消費するが、それだけでは少しもったいないと思う。というのも、マンガには、この社会のありようが反映されている場合が多々あるからだ。ここでは試みに、成人女性がヒロインをつとめる作品（最近では「女子マンガ」と呼ばれたりします）を対象に、ヒロインたちの経済状況や職業選択について見ていこう。

男女雇用機会均等法が制定された一九八五年あたりから、出世することを夢見るヒロインが登場する。一九八八年に連載開始した深見じゅん『悪女（わる）』はその代表的作品だ。同作は、親のコネで大企業に入社したおちこぼれOLの麻理鈴が、落とし物を拾ってくれた男性社員にひと目ぼれするところからはじまる物語。最初は彼の所属部署を知りたいといった、ちょっと不純な動機で働いていた麻理鈴だが、やがて仕事のおもしろさに目覚め、本物のエリートに育っていく。均等法制定によって変化しはじめた現実世界とうまく呼応させながら、女性の社会進出をとてもポジティブに描いた作品だ。

一九九〇年代に入り、バブルが崩壊すると、フリーターのヒロインが登場する。一九九五年に連載開始した安野モヨコ『ハッピー・マニア』の加代子は、友人とルームシェアをして家賃を抑えてもなお生活費に困っているし、一九九八年連載開始の魚喃キリコ『南瓜とマヨネーズ』の土田は、水商売のバイトで出会った客と愛人関係になり、金銭的には少しばかり潤うが、それを恋人には明かせずにいる。麻理鈴があくまで明るく仕事に打ち込んでいたのとは、まるで様子が違っている。

二〇〇〇年代に入ると、女性の社会進出がそれなりに進んだことを受けてか、バリキャリ女性のありようが丁寧に描かれだす。二〇〇〇年連載開始の小川彌生『きみはペット』では、才色兼備で知られるスミレが実は不器用で弱いところがあると明かされる。二〇一〇年連載開始のおかざき真里『&』も、病院の医療事務スタッフとネイリストのダブルワークに勤しむ薫の痛いほど繊細な心のありようを描いている。いずれも、バリキャリ＝男勝り、というイメージを解体する作品だ。

そして昨今の働くヒロインたちは、不景気がデフォルトの日本社会で、身の丈サイズの幸せを追求している。心身に負担をかけてまでOLをやっていた自分を卒業し、郊外の安アパートで自分らしい人生を再構築しようとするコナリミサト『凪のお暇』（二〇一六年連載開始）の凪や、病気をきっかけにフルタイムの仕事を辞め、団地暮らしをはじめる水凪トリ『しあわせは食べて寝て待て』（二〇二〇年連載開始）のさとこは、その典型例。なにかと世知辛い世の中にあって、無理のない働き方で社会や地域とつながろうとする彼女たちから、生きるヒントをもらう読者も少なくないだろう。

……と、このように、女子マンガを読むだけで、日本社会の変化と、それが女性の働き方や人生に与える影響が浮かび上がってくるのである。本当は男性向けマンガでも同じことができればよいのだが、わかりやすく出世や成功をする男らしいヒーローが好まれているようで、女子マンガほどリアルで多様な働き方が描かれているとは言いがたい（マンガ大国だからってなんでもバランスよくとはいかないものですね）。しかしそれも、いずれ変化するだろう。というか、変化してほしい。なぜなら、男らしさの呪いから自由になって、いろいろな働き方、生き方をする主人公が大勢現れれば、それは現実の男性読者たちを解放することにもきっとつながるだろうと思うからだ。

（とみやま　ゆきこ　東北芸術工科大学准教授）

10　困る――生活困難に陥るリスク

人は誰でも、人生の中で、予期せぬことがら――病気になったり、事故にあって障害を負ったり、失業したり、離婚したり――に出会う可能性がある。これらを自ら望む人はいないだろうが、こうしたリスクからはみな逃れることはできない。戦後確立されてきた家族と雇用のかたちは、一九九〇年代以降大きく変わりはじめ、変動の時代に入っている。その中で、生活困難に陥るリスクは、以前よりも増大している。そして、このようなリスクのあらわれ方は、ジェンダーによって異なっている。

結婚のリスク

みなさんは将来、結婚することを思い描いているだろうか。あまり先のことは現実的に考えられない、というのが率直なところかもしれない。現代では、未婚化や晩婚化が進んでおり、生涯シングルの人も少なくなく、事実婚や同性愛もよく耳にするようになり、結婚のかたちは大きく変化してきている（↓7家族する）。それでも生涯未婚率（五〇歳時未婚率）は、二〇二〇年で男性二八・三%、女性一七・八%で、生涯のうち一度でも結婚する人は約四人中三人と過半数である。

以前は結婚を機に女性が仕事を辞めることが多く、専業主婦世帯が多数派だったが、二〇〇〇年前後からは共働き世帯の方が多くなっており、図10－1からは、既婚女性の就業継続率が、近年急速に高まっていることがわかる。しかし現在でも妊娠前から無職の人が一七・四％（結婚を機に転居することになり、仕事を辞めた人などが考えられる）、第一子出産を機に仕事を辞めている人が二三・六％おり、約四割の女性が結婚や出産によって仕事を中断している現実が見て取れる（内閣府　二〇二三）。

いったん仕事を辞めて、家事・育児に専念したとしても、子育てが落ち着けば、仕事に復帰する女性は少なくない。ただそのときの就労形態は、女性は三〇代以降、非正規雇用が増えていることからわかるように（→6働く「図6－1」参照）、パートやアルバイトなどが多くなっている。あるいは、出産後に就業継続していても、子どもが幼い間は時短勤務を選択するなど、育児と両立できるように仕事を調整する女性は少なくないだろう。その結果、女性の賃金は、正規雇用と非正規雇用を合わせたすべての労働者で比較すると、男性の六五・四％にすぎない（原　二〇二三）。

男性＝稼ぎ手、女性＝ケアの担い手という性別役割分業がいまだに根強く残っている社会では、とくに子どもが生まれると、夫婦のうち収入が低い方が家事・育児のために仕事を調整するのは、合理的な面があるかもしれない。子どもが小さい時期は長い人生の中では一瞬だから、共働きでつねに時間に追われるよりも、しばらくは専業主婦になって子育てを優先しながら、空いた時間に趣味やママ友とのランチを楽しむ、という生活を想像している女性もいるだろう。しかし夫婦のうち家事・育児などの無償労働を多く担う方は、自身の収入が少なくなり、そのためか、自分にはお金を使わない傾向があること

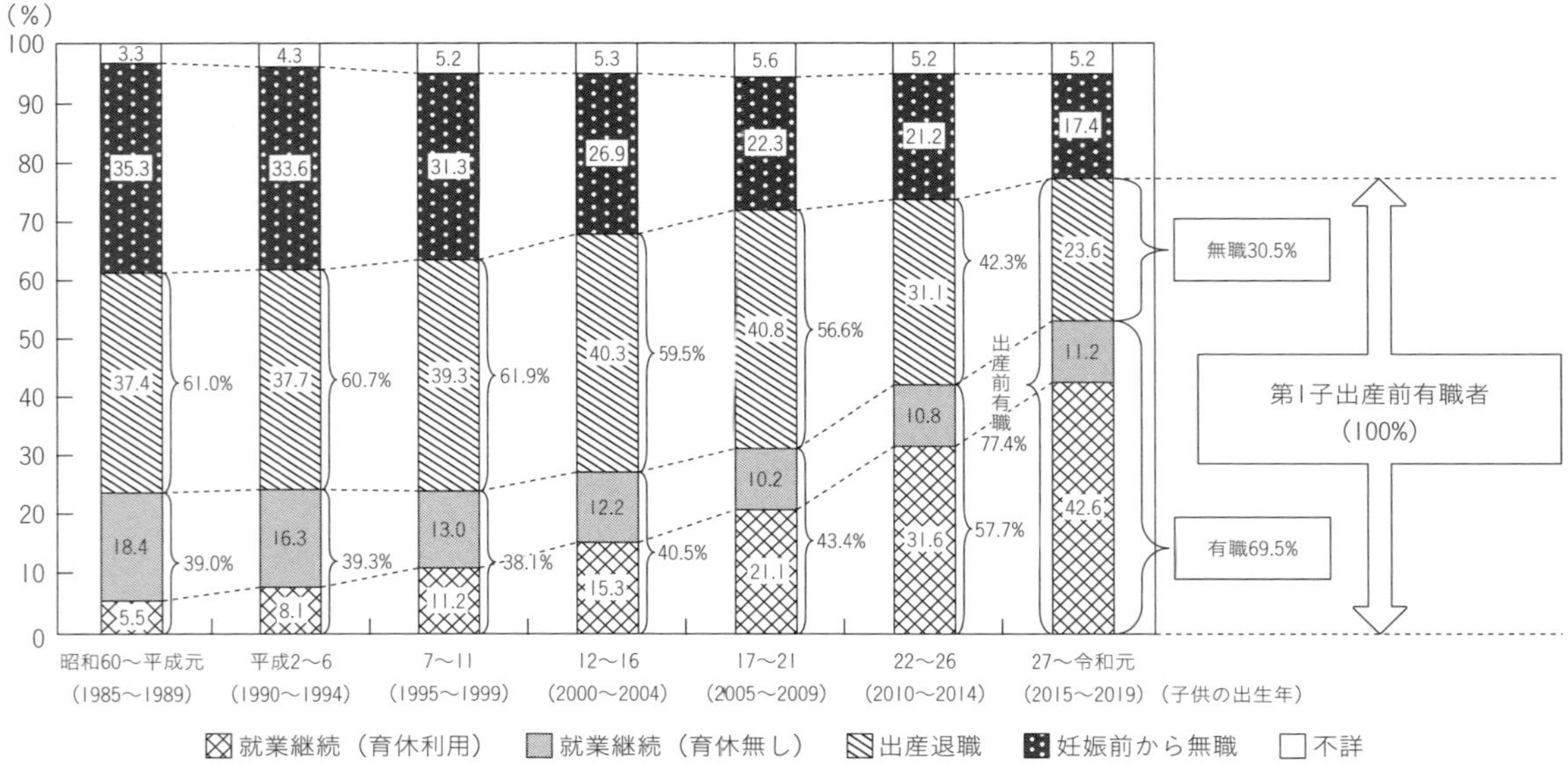

出典：内閣府男女共同参画局『令和５年版男女共同参画白書』

図 10-1　第 1 子出産前後の妻の就業経歴

が調査からわかっている。夫と妻の個人消費額を比較した研究によれば、妻の消費額は概して夫に比べて少ないが、妻が専業主婦の場合にもっとも少なく、夫の三割程度にすぎない（御船　一九九五）。ここから予想されるのは、専業主婦は家族のための消費を優先し、自分の趣味や友達づきあいのためには、ほとんどお金を使っていないのではないかということである。このように、同一世帯にあっても、みなが同じ生活水準を享受しているとは限らず、収入がない、または少ない人は、家族の他の人よりも窮屈な生活を強いられている可能性がある。一方で、妻自身の収入が夫に対して相対的に増えれば、妻の個人消費額も余暇時間も増えることが明らかになっており（坂本　二〇一二）、妻にとって自分自身の収入があることが、家庭内における地位や自由度を高めることにつながっていることがわかる。

このような夫婦間の収入差に、経済的暴力が加わると、問題は顕著なかたちであらわれることになる。経済的暴力とは、**家庭内暴力**（ＤＶ：Domestic Violence）のひとつの形態で、必要な生活費を渡されない、貯金を勝手に使われるなどの状態を指す。こうした経済的暴力により、たとえ夫に収入があって貧困世帯には該当しなくても、妻や子どもは生活費が足りずに困窮しているという「**世帯のなかに隠れた貧困**」が生じることがある（丸山　二〇二二）。とくに妻自身の収入がなかったり少なければ、妻の家庭内における地位は低下し、このようなリスクを増大させてしまうことになるのである。

離婚のリスク

一度は望んで結婚をしたとしても、夫婦関係は変化していくものであり、関係の継続を望まなくなる

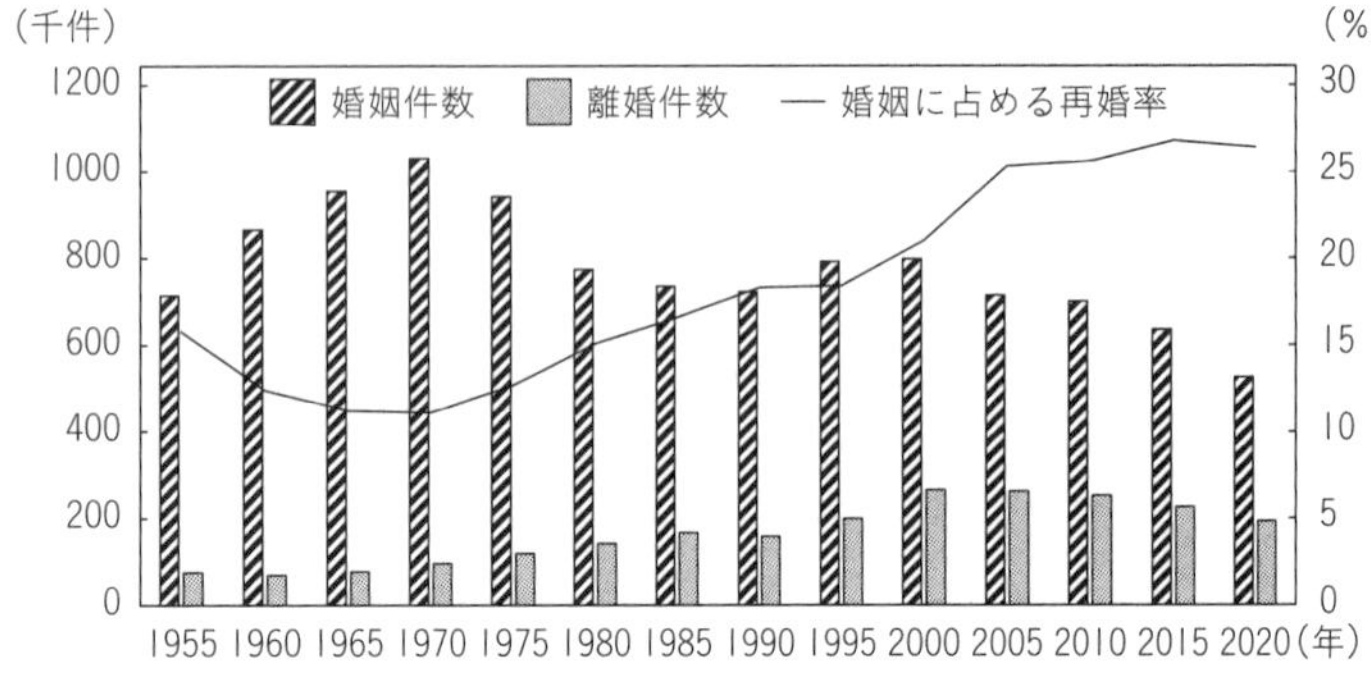

出典：厚生労働省「令和２年人口動態統計」より作成

図 10-2　婚姻件数と離婚件数、再婚率の推移

こともあるだろう。現在は約二・五組に一組の夫婦は**離婚**をする時代であり（図10－2）、離婚をすることになる確率はかなり高いといえる。離婚に関する調査によると、その原因は、「性格の不一致」「家族に対する思いやりがない」「異性関係（浮気）」「精神的な暴力」「浪費」の順で多く（商事法務研究会二〇二一）、結婚当初には予想していなかったさまざまなかたちの暴力や浮気などによって、やむにやまれぬ状態になって離婚していることが推測されるだろう。

離婚することを決意したとしても、夫婦が関係を解消するには取り決めや手続きが必要になり、双方の思いが一致していなければ容易には進まない場合がある。しかし離婚時に裁判所で調停や裁判をする夫婦は一一・七％にすぎず（厚生労働省　二〇二二ａ）、ほとんどの夫婦は自前で話し合いをしており、そのうち七割以上で弁護士の関与がないという。よって、夫に比べて不利な条件で離婚をしたという女性は少なくない。婚姻中に築いた財産は夫婦で二分の一ずつ分けることが原則になっているが、離婚に際してお金のやりとりがなされなかったという人は約半数を占め、財産分与の取り決めをしなかったという人も六割にのぼる（商事法務研究会 二〇二二）。その理由として、お金を受け取ろうにも、そもそも請求できる財産が相手にないという場合や、とにかくDVから逃れることが優先で条件の交渉ができる状態になかったなどが考えられる。

離婚してからは、夫婦は各自で独立して生計を立てていかなければならなくなるが、その際に不利なのは、育児や家事のために仕事を調整していた側、つまり仕事を辞めたり、非正規雇用になったり、育児休業を取ったり、時短勤務をしていた側である。育児や家事を優先した結果として、自身の収入やキャリアを失ったり、出世コースをはずれたりした影響は、その後の就労において、長期的にあらわれることになるのである。

そのうえ、離婚時に子どもがいれば、子どもを引き取りひとり親になった側は、稼得役割と家事・子育ての役割を両方ひとりで引き受けなければならず、その負担はさらに大きくなる。現在、**ひとり親世帯**のうち九割弱は**母子世帯**で、そのうち離別母子世帯が八割と、多数を占めている。母子世帯の平均世帯収入は三七三万円で、その収入は子どもがいる世帯全体の平均の半分弱しかなく、母子世帯の貧困率は五〇％を超える高い値となっている。ひとり親になった側は他方の親に子どもを育てる費用として養育費を請求する権利があるが、母子世帯のうち、離別した父親から現在も養育費を受けているのはわずか二八・一％にすぎず、「相手と関わりたくない」「相手に支払う意志がないと思った」などの理由で、そもそも養育費の取り決めをしていなかった母子世帯も約半数にのぼる（厚生労働省 二〇二一b）。養育費の受け取りをあきらめて、収入を得ることと子育ての責任をひとりで負っているシングルマザーの姿がうかがわれる。なお、生活に困窮した人が利用できる生活保護制度は、捕捉率（制度を利用できる権利がある人の中で実際に利用している人の割合）が二割程度といわれており、利用申請までのハードルが高かったり、利用に対するスティグマ（恥の意識）が強かったりするために、生活に困窮していても生活保護を受給していない人は少なくない。

シングルマザーが直面する問題は、収入の低さだけにとどまらない。子育てには時間が必要だが、収入を増やそうとするなら少しでも長く働かざるを得ず、時間が不足することも大きな問題である。その結果、母親が睡眠時間を削ることでなんとか時間を捻出したために、健康を害することになることも少なくない。

さらに母子世帯の貧困が問題なのは、貧困は世代間で再生産され、子どもにも引き継がれやすいからである。子ども期の貧困は、本人に責任がないにもかかわらず、その影響はその後の人生を通じて生涯つきまとう可能性が高い。生活実態を問う大規模調査では、基本的な生活必需品が満たされていない成人は、一五歳時点での暮らし向きも苦しかった人が多いことが実証されており（阿部　二〇〇八）、大人になってからの生活水準は子ども期の生活水準と相関があることがわかっている。

とりわけＤＶを受けていて、そこから逃げている場合には、身を隠すためにそれまでの生活圏から離れたところに住まいを定めることが多いが、そうなると新たに仕事を探し、子どもは新しく保育園や学校に慣れなければならず、一から生活を立て直す負担は非常に大きなものとなる。また長く暴力にさらされていた影響は、ＰＴＳＤ（Post-Traumatic Stress Disorder：心的外傷後ストレス障害）など、心身の不調となって長期的にあらわれることが知られており、安定した就労を継続することが困難になることも少なくない。子どもがＤＶを目撃すること（面前ＤＶ）も、心理的虐待として認知されるようになっており、のちの発達や成長に悪影響を及ぼし、学業が阻害されたりすると、成人後にも生活困難が引き継がれることになりやすい。ただしＤＶ被害を受けたことがあるのは、調査によれば、結婚経験のある女性の二七・五％、男性の二二・〇％であり（内閣府男女共同参画局　二〇二四）、男性が被害者になることも少なくないことには注意が必要である。

以上のように、現在の日本社会においては、離婚はとくに女性に対して、大きな生活リスクをもたらすことになる。離婚によって生活にどのような影響が生じるかには、婚姻制度や雇用、社会保障の仕組みが大きく関わっており、離婚の持つ意味は社会によって異なってくるが、日本の場合には、離婚を例外的なものとし、生活困難をともなうものとしてきた性別役割分業と、それを前提にした税・社会保障制度が存在している。では、それはどのようなものなのだろうか。

標準家族モデルの外部

日本では戦後、会社員の夫と専業主婦の妻、二人の子からなる家族が標準的なものとされてきた。夫の収入によって基本的な家族の生活がまかなわれ、妻は家庭内で家事・育児・介護などのケアを無償で行う。そしてこのような家族をモデルに、こうした形態の家族がもっとも優遇されるかたちで、税や社会保障の制度がつくられてきた。これについては本書の他の章でも触れられているとおりである。

この**標準家族**モデルが反映された代表的な制度として、**年金**の第三号被保険者がある。これは、サラリーマンの妻で年収一三〇万円未満の人は、第三号被保険者として、保険料を払うことなく将来的に基礎年金を受給する権利を得ることができるというものである。健康保険においても、年収一三〇万円未満の人は、扶養者の保険に入ることができる。税制では、妻の年収が一三〇万円以下であれば、夫が所得税の控除を受けられるという配偶者控除がある。このような制度は、専業主婦やパートやアルバイトなど短時間労働を行う妻の生活を保障するものであると同時に、標準的な家族に人々を政策的に誘導し、女性に専業主婦になるか、低賃金労働につくことを後押しするものとしても機能してきた。しかしこうした制度は特に離婚にいたった女性に経済的困窮をもたらすものであるだけではなく、一九九〇年代以降に起きた家族や雇用の変動によって、若者を中心に、より多くの人に生活リスクをもたらすものとして作用するようになっている。

従来、パートやアルバイトなどの非正規雇用は、既婚女性や学生が就く仕事とされてきた。そのため非正規雇用者は扶養者の社会保険に加入することが前提とされ、厚生年金など正規雇用者中心の社会保険には入れず、その保障は手薄だった。また賃金が安く雇用契約が不安定でも、基本的な生活基盤は扶養者に支えられていると考えられていたため、それが問題とされることはなかった。しかし一九九〇年代半ば以降、男性も含めて若者を中心に非正規雇用者が増加していった。一九八五年は雇用労働者のうち一六・四%だった非正規雇用者は、現在では三七・〇%を占めている(総務省統計局 二〇一三)。

この非正規雇用者が、既婚女性や学生ではなく世帯主となると、生活困難に直面するリスクは大きく跳ねあがる。とくに男性の場合、雇用形態は結婚率と顕著に結びついており、男性の五〇歳時未婚率は正規雇用者で一九・六％、非正規雇用者だと六〇・四％で（総務省統計局 二〇二〇）、非正規雇用者は単身者と大きく重なっている。つまり低賃金で社会保障も手薄な非正規雇用者は、家族のサポートを期待することも難しいことが多く、学校卒業後に単身で非正規雇用を続け、その期間が長くなればなるほど、生活困難に至るリスクが大きくなっていくのである。

しかし問題なのは非正規雇用者だけではない。正規雇用者が非正規雇用者に置き換わっていく中で、より限られた人数で仕事をすることが増え、正規雇用者の労働環境も悪化している。長時間労働やパワー・ハラスメント、違法状態がまかり通る「ブラック企業」がまれなことではないということは、就職活動を控える学生のみなさんはよく知っていることだろう。それに加えてセクシュアル・ハラスメントにあう危険性もあり、こうした労働環境の中で、いったん精神的なバランスを崩し、仕事を辞めざるを得なくなると、その後の安定した就労が困難になる場合も少なくない。このようなかたちで正規雇用者でも決して安定した雇用が保障されているわけではなく、雇用にともなうリスクは増大してきている。

標準的な家族をモデルとした制度が確立してきた一九八〇年代までは、このモデルにあてはまる家族は六割を占め、実際にもっとも多い世帯類型だった。しかし現在では、このような家族はもはや標準的とはいえなくなり、単身世帯が四割ともっとも多く、その割合はさらに増えていくことが予測されている（図10－3）。家族形態の変化や雇用の流動化にあわせて、税や社会保障の制度は、短時間労働者にも

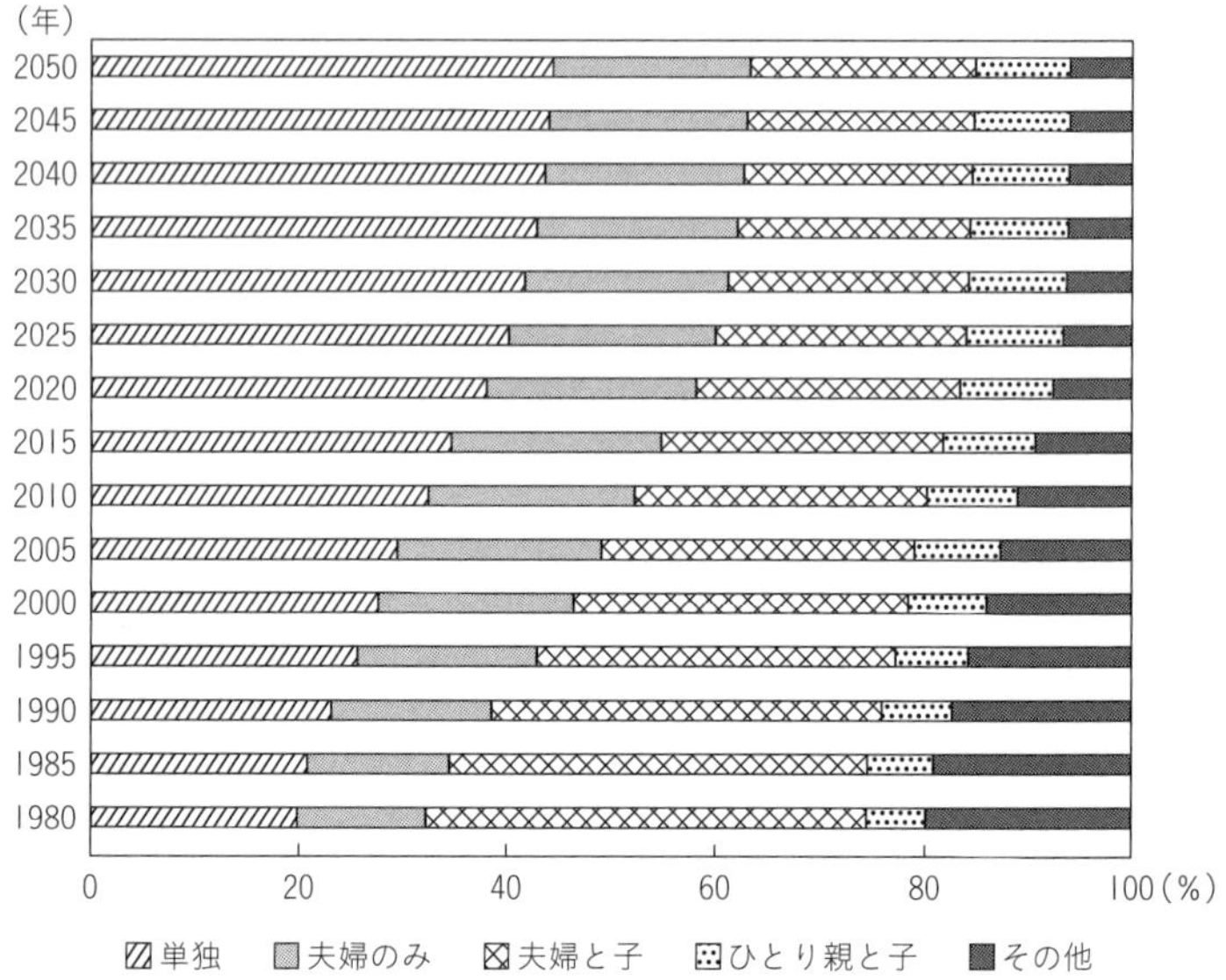

出典：国立社会保障・人口問題研究所「日本の世帯数の将来推計（全国推計）」令和 6（2024）年推計より作成

図 10-3　日本の世帯数の将来推計

厚生年金や健康保険の適用が拡大されるなど、見直しが進められてきてはいるものの、いまだ残存している標準家族モデルは、そのモデルから外れた未婚者や離婚した人を不利にするシステムとなっている。

とくに、新卒一括採用が一般的な日本の雇用システムでは、初職は学卒時の景気の影響を大きく受けるということは、学生のみなさんにも身近なことだろう。不況時に学卒期を迎え、初職で正規雇用につけなかった人が増えた就職氷河期一九七〇年～一九八四年生まれの世代がいま中高年に差しかかっており、今後、その生活困難が社会問題となっていくことが予想されている。女性は非正規雇用者のうちでも男性と比べてより賃金が低い傾向にあり、中高年シングル女性を対象にした調査によると、氷河期世代のシングル女性は約半数が非正規雇用で、年収三〇〇万円未満、民間賃貸住宅に住み、資産が一〇〇万円未満で、厳しい生活を強いられている実態が明らかになった（わくわくシニアシングルズ　二〇二二）。

このように、学卒期の景気の影響や、雇用環境の悪化、離婚などのために、家族中心の仕組みの外部にあり、標準家族を中心にした制度の恩恵を受けられなかった層が、将来的に生活困難に陥るリスクはますます高まっている。

高齢期のリスク

高齢期の生活を保障する制度として年金があるが、その受給額には、現役時代の所得水準や婚姻状態が反映されており、現役時代の不利は高齢期にも引き継がれやすい。年金受給額が多いのは、雇用者が入る厚生年金だが、男性は厚生年金加入者が七八・三％であるのに対して、女性は五五・五％で少なく、二〇二三年度の平均受給月額は男性一六万三八七五円、女性一〇万四八七八円であり（厚生労働省　二〇二三）、女性は賃金が男性よりも低いことや、家事・育児・介護による就労の短縮・中断のために厚生年金の加入期間が短くなりがちで、高齢期にも年金受給額が男性と比べて低くなる傾向がある。

厚生年金に加入していない人のうち、女性の二三・三％を占める第三号被保険者は、前述したとおり、保険料の支払いなしで基礎年金を受給でき、夫の死別後も遺族厚生年金を受給できるため、高齢期も生活は比較的安定している。それに対して、標準的な家族のモデルから外れた人、つまり未婚者や離別者は、非正規雇用期間が長い場合には、受給額の低い国民年金加入期間が長くなるため、男女ともに高齢期に困窮することになりがちである。なお、国民年金の平均受給月額は、二〇二三年度では五万六三一六円（厚生労働省 二〇二三）で、生活保護水準よりも低い。とくにシングルマザーだった女性の高齢期は、現役時代には育児と仕事を両立させるために低賃金の職に就くことが多いことから低年金になりやすく、資産を形成する余裕のないまま老後を迎えることになってしまうため、貧困に陥ることが多い。ここには、標準家族モデルの不利益がもっとも折り重なってあらわれているといえるだろう。

高齢者のうち、とくに貧困に陥りやすいのは単身世帯であり、六五歳以上の単身男性の貧困率は三〇・〇％、女性は四四・一％（阿部 二〇二四）で、女性の単身高齢者の貧困率は母子世帯と同程度と非常に高い。女性は男性よりも平均寿命が長く、高齢期に子と同居する人が減少してきていることから、女性が単身で高齢期を過ごす可能性は高い。さらに今後、未婚者が増加していくことが予測されているため、男女問わず高齢期を単身で暮らす人は増加し、その生活リスクは増大していくだろう。

本来、病気や障害、失業など、誰でもが直面する可能性のある生活リスクに対応するものが、社会保障制度であるはずである。家族や雇用の形が流動化している時代にあわせて、どのような家族形態や働き方の人であっても、生活に困ることのないような制度を、早急につくっていく必要があるだろう。

（丸山里美）

引用・参考文献

阿部　彩　二〇〇八『子どもの貧困――日本の不公平を考える』岩波新書。

――――　二〇一四『子どもの貧困II――解決策を考える』岩波新書。

――――　二〇二四『相対的貧困率の動向（二〇二二年調査 Update）』（二〇二四年五月八日取得、https://www.hinkonstat.net/）。

厚生労働省　二〇二二a『令和四年度「離婚に関する統計」の概況　人口動態統計特殊報告』。

――――　二〇二二b『令和三年度全国ひとり親世帯等調査結果報告』。

――――　二〇二三『第七回社会保障審議会年金部会資料1――第三号被保険者制度について』（二〇二四年四月二日取得、https://www.mhlw.go.jp/content/12601000/001174760.pdf）。

坂本和靖　二〇一二「日本における夫婦間の消費・余暇時間の配分の変化とその要因」『家計経済研究』第九六号。

商事法務研究会　二〇二一『財産分与を中心とした離婚に関する実態調査・分析業務報告書』公益社団法人商事法務研究会。

総務省統計局　二〇二〇「令和二年国勢調査」。

――――　二〇二三「労働力調査結果の概要」。

内閣府男女共同参画局　二〇二三『令和五年版男女共同参画白書』。

――――　二〇二四『男女間における暴力に関する調査報告書〈概要版〉』。

原ひろみ　二〇二三「男女の賃金情報開示施策――女性活躍推進法に基づく男女の賃金差異の算出・公表に関する論点整理」『RIETI Policy Discussion Paper Series 23-P-009』独立行政法人経済産業研究所。

丸山里美　二〇二一（二〇一三）『女性ホームレスとして生きる〔増補新装版〕――貧困と排除の社会学』世界思想

社。
御船美智子　一九九五「家計内経済関係と夫婦間格差——貨幣と働く時間をめぐって」『家計経済研究』第二五号。
わくわくシニアシングルズ　二〇二二『第二回中高年シングル女性の生活状況実態調査』（二〇二四年五月七日取得、https://seniorsingles.webnode.jp/）。

11 装う——ファッションと社会

「自由に」装えているか？

なぜ、人は衣服を着たり、服飾品（アクセサリーなど）を身につけたりするのだろうか。おしゃれに関心のある人なら「自分らしさの表現のため」と答えるかもしれないし、さほどファッションに関心がない人なら「とくに理由はない」「何も考えてない」と答えるかもしれない。答えはさまざまに考えられる。ただし少なくとも、ほとんどの人は（制服はともかく、私服であれば）「自分の好きなように装っていい」「服やアクセサリーを自由に選べる」という前提を、無意識のうちにもっているだろう。

近代化を推し進めた革命のひとつにフランス革命があるが、その国民公会で「各人は、自らよいと思う、自分の性の衣服および付属物を自由に着用することができる」と宣言されている。それまでは、衣服をつくるにも販売するにも、厳しい制限がかけられていたし、着るにしても、身分に見合った服を着る以外に道はなかった。衣服は身分によって厳然と分けられていたのである。近代になって、人は、身分にとらわれることなく衣服を自由に選べるようになった。今の私たちが、「自由に服を選べる」と前提しているのは、近代以降に生きているからだ。

しかし、私たちは本当に「自由に」衣服や服飾品を選べているのだろうか。そのことを本章では考えていきたい。

一九世紀における男性服革命——身分から性差へ

議論の糸口としてハイヒールについて考えてみよう。ジェンダーレスファッションが広まり、女性が職場でハイヒールやパンプスを義務付けられていることに抗議する運動（#KuToo）が起こって以降の現状でも、ハイヒールを女性用の靴と見なす人は多いだろう。

だが、そもそも近代以前——自由に衣服を選べなかった時代——、ハイヒールは、身分が高ければ男女関係なく履くことができ、履けないのは身分の低い者たちであった。もう少しくわしくいうと、男女とも着用可能とはいえ、とくに男性が誇らしげに履くものだったのである。バーナード・ルドフスキーは、当時のハイヒールを「男性的な魅力」を見せつけるものととらえて、「男たちのはいているハイヒールをみて、ご婦人方は後ろをふりかえったことであろう」（ルドフスキー　一九七九）と述べているくらいだ。また、フランス国王ルイ一四世のエピソードも有名である。太陽王と称され最高の権力者だった彼は、脚線美を自慢しようとして、かかとを赤く染めたヒールの靴を履いていた（彼が愛用していた、付け根が太く中間がくびれた曲線的なヒールを、現在もルイヒールと呼んでいる）。そして、自分の許した者だけに赤いヒールの靴を履く権利を与えたのだが、あまりに人気があったため偽物が出回ったという。かつてハイヒールは男性にとって、偽物でも身につけたいほど憧れの服飾品であったのだ。

近代以前、貴族たちにとって、ハイヒールはもちろん、そのほかの豪華な衣服や服飾品は、自らの特権を示す道具だった。衣服によって、貴族とそれ以外の身分を区別することが重要だったのである。山田登世子の言葉を借りるなら、衣服は、「豪奢な生活を独占することによって社会階級の差異を目に見えるように維持する」ための「権力の記号」であったのだ（山田　一九九七）。したがって、貴族たちは、男性であるか女性であるかには関係なく、華美に装っていた。

しかし前述した革命を経て、一九世紀には近代社会へ移行していく。そこで貴族に代わって台頭してきた**ブルジョワジー**（市民階級）は、貴族的な価値観を破壊しようとした。貴族の豪華趣味が否定されることで、男性服は激変し、モノトーンで飾り気のないものに変わった。それが現在のメンズ・スーツの原型となっている。この変化を、イレネウス・アイブル＝アイベスフェルトは「男の灰色化」（アイブル＝アイベスフェルト　一九七四）と呼んでいる。

渡辺恒夫によると、簡素なスーツを着るようになった男性は「近代産業社会建設のための機械化兵士として選ばれた」のだという（渡辺　一九八六）。男性は、人生を謳歌し遊ぶ存在から、近代産業社会において働く存在へと変わったわけである。この「男の灰色化」価値観は現在でも続いており、満員電車にゆられながら、スーツを着て会社に向かう男性たちは、本人が意識しているかどうかはともかく、勤勉に働く「兵士」を自ら名乗っていることになる。

ともあれ、服装の近代化とともに男性の服装は簡素化した。一方で女性のファッションはどうなったのだろうか。じつは、変わらなかったのである。相変わらず、女性服は華やかでありつづけ、「大革命以後、男女の服装は近代化され、男性服は現代服に直行したが、女性のほうは貴族服調に逆行」（日置二〇〇六）したといわれている。ブルジョワジーの男性は、自分たちの服装を「富」や「地位」の記号にしなかったぶん、その役割を女性に託すことになったのであった。着飾った女性をかたわらにおくことで、男性は自分の力を示そうとしたのである。

貴族の時代、衣服は身分差を示すものであったがゆえ、ある意味で男と女は対等であった。だが、ブルジョワジーが貴族的価値観を否定し、新しいブルジョワ的価値観が社会に広まるにつれて、「性差」が重要なものへと変わっていった。アン・ホランダーは、近代以前は男性も女性も外見を飾りたてていたが、近代以降では女性だけが装飾に固執する特権をもち、また装飾を義務とするようになったと指摘している（ホランダー　一九九七）。

ハイヒールに話を戻すと、一度人気が衰えて一九世紀半ばに再び流行する。そのころになって、これまでとは逆に、男性ではなく女性の靴という認識が広まったのである。ちなみにこのときは、ポルノにおけるエロティックな女性性の表現として流行したのであった。「性差」が重要なものとなった一九世紀以降、まさにハイヒールは女性「専用」の靴となったのである。

つまり「各人は、自らよいと思う衣服を自由に着用することができる」と宣言されたところで、ハイヒールひとつ自由には履けないことがわかる。前近代のように、身分によって制限を受けるときもあり、近代以降のように、性別によって制限を受けることもある。いずれにせよ、つねに衣服や服飾は「視覚化された権力体系」（井上　二〇一二）なのであった。

日本における衣服の性別化

ところで、衣服が身分を示すものから、性差を表すものへと移行したのは、西洋に限った話ではない。日本でも同様のことが起こったのである。

公家（貴族）の男性は化粧をしていたし、武士も大名や旗本クラスの者は格式として「錦」の壮麗な服装を要求されていた。一方、農民や町人は、たとえ富裕であっても華美な服装をすることが戒められていた。日本の衣服事情でも、前近代では身分差が重要だったのである。

ところが近代のあけぼの＝明治時代になると、男性は、大臣から国会の事務員まで、公式の場では燕尾服やフロックコートなどのフォーマルウェアを着るようになる。高橋晴子は、近代日本の男性服を「富国強兵に邁進するためのユニフォーム」と述べているほどだ（高橋　二〇〇五）。それに対し、女性たちは、鹿鳴館の開設を契機に着飾ることが求められるようになった。

このように、日本でも、男性服は灰色化し、女性服は華やかになり、性差による服装の差異が目立つようになっていく。西洋にならい衣服の近代化が起こったといえよう。

二〇世紀における女性服の革命

衣服が「視覚化された権力体系」であり、さらに近代以降はとくに性別による差異が広がったことは

出典：ルドフスキー（1979：129）より、『ハーパーズ・バザール』誌に載った広告（1886年）

図11-1　コルセット

すでにみてきた。「近代は、「飾りたてる」ことが女性の専売特許になった時代」（山田　一九九七）といえる。とはいえ、女性だけが装飾しなければならないことに対して、抵抗する動きがなかったわけではない。

一九世紀も後半に入ると、アメリカで服装改良運動が起こった。当時の女性たちは、足首まである長いスカートを引きずり、図11－1のようなコルセットと呼ばれる腰を締めつける下着で、細いウエストを作りあげねばならなかった。コルセットは、女性の肉体を閉じこめ、ときに健康を害することもあったため、それを変えようという動きが、女性解放運動家たちから生じたのである。図11－2のような、それまでの女性服よりずっと動きやすくてゆとりのあるズボン（ブルマーの原型）とショートドレスの組み合わせが考案され新聞紙上でも紹介された。ただ、多くの男性たちはそれを快く思っておらず、「街頭においてズボンをはいた女性は、精神的かつ物理的暴力に出あわねばならなかった」（ルドフスキー　一九七九）。そのうえ教会関係者までもがパンツスタイルの女性たちを激しく批判したのである。彼女たちは、教会から明らかに排除され、そういった服装は礼拝の場あるいは説教の場にはふさわしくないという理由で締めだされたのであった。結局、この服装改良運動は下火になるが、のちの女性服改革の先陣を切ったものであったといえる。

時代が進み二〇世紀に入ると、女性たちは産業の発展に後押しされながら、社会進出を果たすようになっていく。同時にファッションにおいても、装飾性ではなく実用性が求められるようになった。そこで、二〇世紀のファッションデザイナーたちは、女性のための活動的な衣服をつぎつぎに提案するようになった（平芳　二〇一二）。

たとえば、ココ・シャネルは代表的提案者の一人だ。現在の日本でシャネルといえば、高級なハイブランドのイメージしかないだろう。だが、じつはシャネルは、飾りたてる女性服を変革しようとしたデザイナーなのである。

出典：ルドフスキー（1979：229）

図 11-2　ブルマーとショートドレス

女性の腰は一四世紀から二〇世紀にかけての長い間、コルセットで締めつけられていた。貴族の時代であれ、新しいブルジョワの時代であれ、それは同じであったが、シャネルはコルセットのない服を広めたのである（コルセットのない服を最初にデザインしたのはポール・ポワレであるが、シャネルはそれを徹底化した）。さらにシャネルは足首まであったスカートを歩きやすい丈に切り、モノトーンを採用し、男性が着ていたスーツを女性服として取り入れた。シャネル自身、こう語っている。「新しい社会のために、わたしは仕事をしてきた。それまでひとは、何もすることがなくて暇のある女たちや、侍女に靴下をはかせてもらうような女たちのために服を作っていたわ。だけどわたしの客になった女たちは活動的な人たちだった。活動的な女には、着心地のいい楽な服が必要なのよ。袖をまくりあげられるようでなきゃ駄目」（山田　一九九七）。シャネルが貢献したのは、近代化が進展した新しい社会であり、社会に進出した女性たちであったのだ。

シャネル以外にも、女性服を変えるべく多くのデザイナーたちが活躍した。パンツスーツをデザインしたイヴ・サン＝ローランや、女性がくつろげる着心地のよいニットの衣服を多く生みだしたソニア・リキエル、反社会的な歌を歌ったパンクバンドの衣装をデザインしたヴィヴィアン・ウエストウッドなどが代表的であろう。一九七〇年ごろには、パンツスーツの流行とともに、教会でもパンツ姿の女性たちが受け入れられるようになったという。パンツスーツと女性たちは、教会の権威に屈しなかったのだった。

実際に服を着る多くの女性たちや、デザイナーたちの力で、女性服はやっと改革されていったのである。一世紀遅れたが、男性服と同じように、動きやすくて働くことのできる服になったのだ。今では、女性たちは、ハイヒールでもスニーカーでも履けるし、パンツスーツでも華美なドレスでも着こなせる。

こういった女性服の改革の中でも、特異なデザインを試みたのは、川久保玲が率いるコム デ ギャルソンであろう。一九九〇年代なかば、川久保は「トランセンディング・ジェンダー」というコレクションを展開し、男性服・女性服という概念を超えたファッションを提案する。鷲田清一はそれを「女性というよりひとりの〈個〉として地をしっかりと踏みしめて歩けるような生き方を支えてくれる服」(鷲田　一九九七)と評している。鷲田はコム　デ　ギャルソンのファッションの中に、性を超えた「個」を見出したのだ。

それでは、二一世紀の今、人は衣服を自由に着用することができるようになったのだろうか。そして、性別による差異はなくなったのだろうか。

性による差異の根深さ

結論からいえば、今でも完全に「自由」に着こなせる時代にはなっていない。そして性別による差異はいまだに残っているといえる。

そもそも二〇世紀における、シャネルに代表されるような女性服の改革は、男性のスーツをモデルにしていた。女性服は、完全に自由化したのではなく、その一部に男性服の要素を取り入れたのである。このこと自体はたしかに「改革」ではあるが、ジェンダーを無効化する装いが登場したわけではないことがわかる。パンツスタイルのスーツを着たとしても、それはあくまで「女性服」という枠内での出来事でしかない。レディスファッションという枠の中で、フェミニンな装いも、男性服の要素を取り入れた装いも可能であるだけなのだ。男性的な装い——「マスキュリン」「マニッシュ」「メンズライク」などと呼ばれる——は、たとえばテーラード・スーツなどに代表される装いであるが、逆に女性らしさを強調するともいわれている。したがって、新しい「女性性」が立ちあがったというよりも、消費社会の中で女性らしさの演出方法にバリエーションができた、という方が正確である。

加えて、女性服よりも問題なのは男性服である。二〇世紀以降、少なくとも、女性服は男性服の要素を取り入れてきた。それが単なる消費に陥ったとしても、ある種の性を超える試みはなされてきたわけである。しかし、男性服は一九世紀に改革されて以来、女性服をほとんど取り入れてこなかった。今の日本においても、多くの男性はスカートを身につけて外を歩くことは少ないだろう。男性服は、大げさにいうなら、最初に近代化された一九世紀のままなのである。

また、メンズメイクや「美容男子」がメディアでとりあげられることもあるが、美容についての関心も、男性は女性に比べて低い(谷本 二〇一八参照)。実際の調査では、美容への関心は男性より女性の方が圧倒的に高いと判明している。

現状では、衣服はもちろん、美容も含めて、装いは「視覚化された権力体系」でありつづけている。とくに、性による差異は根深く残っているように思われる。

社会的構築物としてのファッション

以上から、私たちは本当に「自由」には衣服や服飾品を選べていないとわかった。では、いったいこのことは何を意味するのだろうか。

「なぜ人が服を着るのか」という問いに対して、これまでの文化人類学者たちは「身体の保護のため」

「慎ましやかさのため」「セックスアピールのため」と答えてきたという（ブラック　一九八五）。しかし、社会学者の回答は少し異なっている。アーヴィング・ゴッフマンによると、私たちは服装などで、自分がどんな人間かを周囲の人に示す「自己呈示」を行っているという。あるいは、ソースティン・ヴェブレンによれば、私たちは、消費財としてのモノを、何らかの具体的な有用性や使用価値（ここでいえば衣服の暖かさなど）だけのために使うのではなく、自分の社会的地位や経済力などを示す社会的指標としても使っているという（彼はそれを誇示的消費と名づけた）。だとすれば、服装には、身体保護や慎ましやかさや異性へのアピール「以上」の意味があると考えられる。つまり、服やアクセサリーは「自分を示すモノ」なのである。

とはいえそれは、冒頭で書いた「おしゃれをするのは自分らしさの表現のため」というよくある発言とは、違っているかもしれない。というのも、人がそのように発言するとき、社会とは無関係の「個」としての自分を想定していると思われるからだ。本章で「自分を示す」というときの「自分」とは、「個」として成立するものではなく、他者との間に成立する「社会的な」ものを指している。したがってこう言い換えよう。衣服は「他者と自分が社会の中でどう異なっているかを表現するモノ」である。だからこそ、衣服は社会的な規制を受けることになるのである。

実際、先にみてきたように服装は「社会的」に規制されてきた。それは支配階層が被支配階層に対して法律で縛るというだけではない。目に見える規制や規則で縛らなくとも、たとえば性別によって服装は（意識されなくとも）縛ることができた。働く男性がスーツを着るのも、女性はパンツをはけるのに男性がスカートをはきづらいのも、ハイヒールはもっぱら女性が履くのも、個人が自由に選んだ結果ではなく、社会的に構築されてきた事象である。私たちが本当に「自由」には衣服を選べないことは、それが社会的構築物であることを意味しているのである。

社会を変革するファッション

ただし、逆の面もあることを最後に指摘しておこう。たしかに、衣服は、社会的構築物であるために規制を受けるが、しかし、社会的構築物であるがゆえに変えることの意味が生じる。つまり、衣服を変えることで、あえて規制に変化をもたらすこともできるのである。パンツスタイルをいつしか教会が認めざるをえなくなったように。「袖をまくりあげられる」ような活動的な服を着た女性たちが、社会進出を果たしたように。

もしかしたら、今後、ジェンダーに関わらないファッションが本当に普及すれば、男性であれ、女性であれ、そのどちらでもない性別の人であれ、一緒になってファッションの話に花を咲かせる時代になるかもしれない。そのときには、私たちは「自由」に衣服を選ぶことができる可能性がある（あくまでジェンダーの観点からは）。

現状ではまだ私たちは自由に衣服を選べていない。しかし衣服は自由になるための武器になりうるのである。

（谷本奈穂）

引用・参考文献

アイブル＝アイベスフェルト、I　一九七四『愛と憎しみ――人間の基本的行動様式とその自然誌1・2』（日高敏隆・久保和彦訳）みすず書房。

井上雅人　二〇一二「自由・平等・コム デ ギャルソン」西谷真理子編『相対性コム デ ギャルソン論――なぜ私たちはコム デ ギャルソンを語るのか』フィルムアート社。

ヴェブレン、T　一九九八『有閑階級の理論』（高哲男訳）ちくま学芸文庫。

氏家幹人　一九九五『武士道とエロス』講談社現代新書。

ゴッフマン、E　一九七四『行為と演技――日常生活における自己呈示』（石黒毅訳）誠信書房。

高橋晴子　二〇〇五『近代日本の身装文化――「身体と装い」の文化変容』三元社。

武田佐知子　一九九八『衣服で読み直す日本史――男装と王権』朝日新聞社。

谷本奈穂　二〇〇八『美容整形と化粧の社会学――プラスティックな身体』新曜社。

――　二〇一三「化粧品のミュージアム――その困難と可能性」石田佐恵子・村田麻里子・山中千恵編『ポピュラー文化ミュージアム――文化の収集・共有・消費』ミネルヴァ書房。

――　二〇一五「美容――美容整形・美容医療に格差はあるのか」山田昌弘・小林盾編『ライフスタイルとライフコース――データで読む現代社会』新曜社。

――　二〇一七「外見と自分らしさ――何のため／誰のために外見を整えるのか」藤田結子・成実弘至・辻泉編『ファッションで社会学する』有斐閣。

――　二〇一八『美容整形というコミュニケーション――社会規範と自己満足を超えて』花伝社。

――　二〇二〇a「調査に見る美容整形の諸相」『現代思想（総特集　フェミニズムの現在）』第四八巻四号。

――――　二〇二〇b「美容整形は個人的なことか？――身体の社会学、言説、テキストマイニング」石田佐恵子・岡井崇之編『基礎ゼミ　メディアスタディーズ』世界思想社。
――――　二〇二二「昭和五〇年代の美容言説――身体のフォーディズム」福間良明編『昭和五〇年代論――「戦後の終わり」と「終わらない戦後」の交錯』みずき書林。
日置久子　二〇〇六『女性の服飾文化史――新しい美と機能性を求めて』西村書店。
平芳裕子　二〇一二「性差を突きつける／突き破る」西谷真理子編『相対性コム デ ギャルソン論――なぜ私たちはコム デ ギャルソンを語るのか』フィルムアート社。
ブラック、J・A　一九八五『ファッションの歴史 上〔新装版〕』（山内沙織訳）PARCO出版局。
ホランダー、A　一九九七『性とスーツ――現代衣服が形づくられるまで』（中野香織訳）白水社。
山田登世子　一九九七『ファッションの技法』講談社現代新書。
ルドフスキー、B　一九七九『みっともない人体』（加藤秀俊・多田道太郎訳）鹿島出版会。
鷲田清一　一九九七『ひとはなぜ服を着るのか――文化装置としてのファッション』NHK出版。
渡辺恒夫　一九八六『脱男性の時代――アンドロジナスをめざす文明学』勁草書房。

12 つながる——友人関係とジェンダー

「私はみんなとつながっていたいの」

今の若者にとって、ＬＩＮＥやインスタグラムなどのソーシャルメディアは、友だちとのつながりを保つのに欠かせなくなっている。つねにやりとりしていないと不安になる「ＳＮＳ依存」が問題になることもある。ただ、こうした現象はかならずしも最近になってあらわれたわけではなく、一九九〇年代後半に携帯電話の普及が進んだ時期にも、また、日本だけでなく海外でもみられたものだ。たとえば、一九九九年のあるインタビュー調査に答えて、ノルウェーの一八歳の少女は次のように語っている。

もし、私がメッセージを受けとったら、すごく読みたくなるの。私はみんなとつながっていたいの。そう、だから、もしシャワーを浴びていてメッセージをもらったら、絶対に読まなきゃならないの。もし、私がメッセージを送って、すぐに返事が返ってこなかったら、それはもう悲惨よ。（カッツ／オークス編　二〇〇三）

このようなつながりへの依存・不安は現代の若者論でも注目されてきたものだが、ここではまず、これが少女の発言であることに注目したい。仮にこれがマッチョな少年の発言であったとしたら、どうだろう。たとえば『ドラえもん』のジャイアンが、「俺はみんなとつながっていたいんだ、メッセージにすぐ返事がなかったらもう悲惨だぜ」と泣き言をこぼす様子を想像してみてほしい。のび太ならまだしも、ジャイアンがそんなこと言うなんて男らしくないなあ、と感じられはしないだろうか。

そこには、男性と女性の友人関係についての、型にはまった見方――**ジェンダー・ステレオタイプ**――が潜んでいるように思われる。たいした用もないのにだらだらメッセージのやりとりを続け、いちいち相手の反応を気にして、ささいなことで不安になってしまう。そんな表面的で脆弱な友だちづきあいは「女々しい」し、「男らしく」ない。いささか誇張していえば、そのようなステレオタイプである。昭和の時代には「女の長話」とか「女の長電話」とかいわれていた。そのことからもわかるように、こうした見方はアナログ時代からデジタル時代へと、かたちを変えながらも受け継がれてきたものだ。

はたして今の実態はどうなのか。もちろん男性でも女性でも個人差は大きいだろうが、全体的・平均的にみれば、友人とのつながり方にこのステレオタイプどおりの男女差が認められるのだろうか。まずは、この点を調査データから検証してみよう。

友人とのつながり方の男女差

分析に用いるのは、青少年研究会という社会学者を中心としたグループが、二〇二二年に日本全国の一六～二九歳を対象として行った質問紙調査のデータである（以下、「青少年研調査」と呼ぶ）。

はじめに、ＬＩＮＥで一日にどれくらいメッセージ（スタンプを含む）を送信しているかをみてみよう。平均値は男性一四・三通、女性一七・七通で、やはり女性の方が多い。これは統計学的な観点からも有意な――つまり誤差の範囲内とはみなせない――差である（以下でも「差がある」「多い・少ない」などと記述する場合は、統計学的に五％水準で有意と分析されたもののみをとりあげる）。これは女性の友人数の多さによるものではない。「親友」が何人くらいいるかをたずねた質問では、男性が平均四・〇人であるのに比べて、女性は二・八人と少ない。「仲のよい友だち」の場合も同様に、男性の一三・八人に対して、女性は一一・八人である。女性は、より少ない友人を相手に、よりこまめにやりとりをしているのである。

つぎに、「いつも友だちと連絡をとっていないと不安になる」かどうかを比べた結果が、図12－1である。〈そうだ〉と答えた者は男性一・〇％・女性二・一％にすぎず、〈どちらかといえばそうだ〉という回答と合わせても男女ともに約一割にとどまる。回答分布全体をみても、男女でほとんど差はない。女性の方がたしかに頻繁にメッセージをやりとりしてはいるのだが、必ずしもその背後に、冒頭で紹介したノルウェーの少女のような不安感が潜んでいるわけではないのだ。

ほかの質問項目の分析結果からは、むしろ女性の友人関係は安心感と結びついていることが確認でき

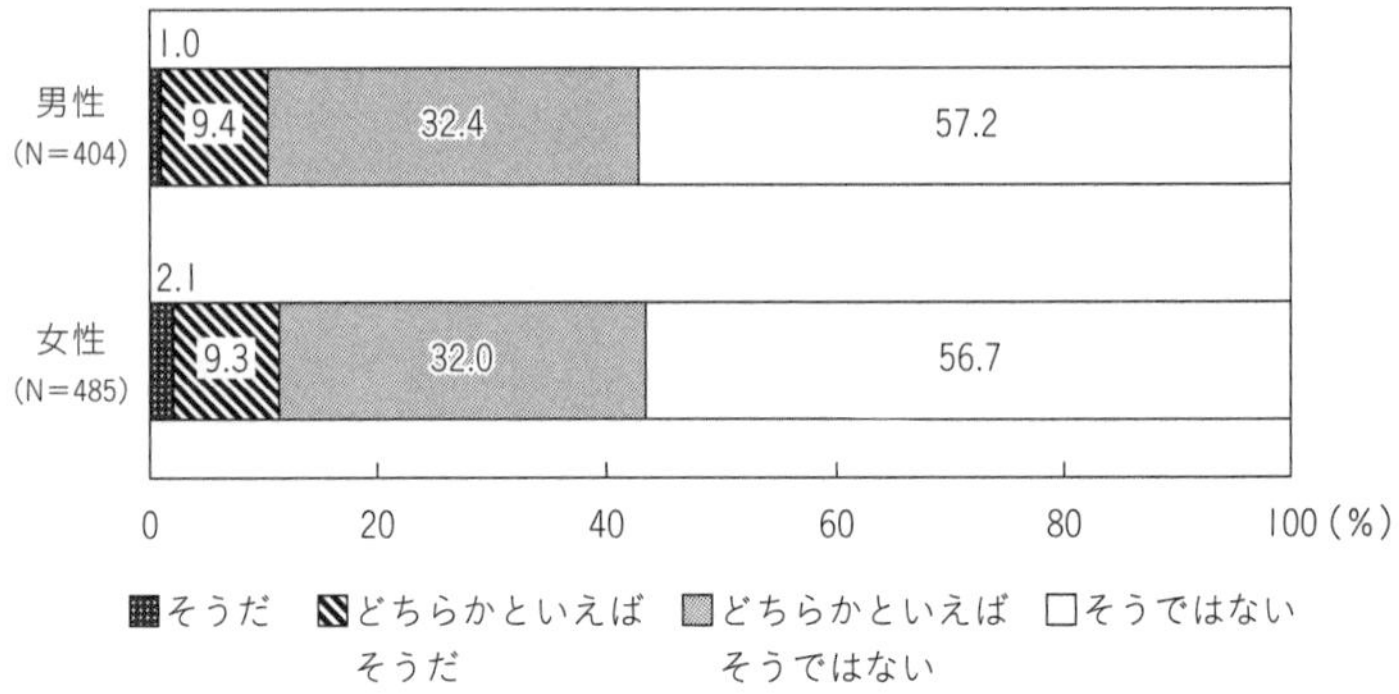

出典:「青少年研調査」より筆者作成

図 12-1　いつも友だちと連絡をとっていないと不安になる

る。次ページの表12－1は、親友に対して感じることをたずねた結果を、男女別にまとめて比較したものである(不等号は統計学的に有意な差であることをあらわしている)。親友と「いっしょにいると安心する」と感じるのは、女性では八割に上るのに対して、男性は約半数にとどまり、かなりの差がみられる。

また、「真剣に話ができる」「悩みの相談ができる」「自分の弱みをさらけ出せる」など、親友に対する自己開示の面でも、肯定回答率は女性の方が顕著に高い。裏をかえせば、男性は親友にさえ自分の弱みをみせられないような、伝統的な男らしさの規範にいまだに縛られているのかもしれない。

「考え方に共感できる」「尊敬している」「ケンカをしても仲直りできる」といった項目についても、そう答える割合は女性の方が高くなっている。さらにまた、この表には記載していない分析結果になるが、「友人や仲間といるとき」に充実していると感じる傾向も女性の方が強いのである。

表 12-1　親友に対して感じること（複数回答）

（単位：%）

	男性		女性
いっしょにいると安心	51	<	80
真剣に話ができる	64	<	79
悩みの相談ができる	47	<	77
自分の弱みをさらけ出せる	39	<	63
考え方に共感できる	47	<	62
尊敬している	36	<	53
ケンカをしても仲直りできる	33	<	42
趣味や関心が近い	64	>	57

出典：「青少年研調査」より筆者作成

したがって総合的にみれば、女性の友人関係は、男性よりも表面的で脆弱であるどころか、むしろ深く強い絆で結ばれているといえるだろう。つまり、友人とのつながりに関するジェンダー・ステレオタイプは、少なくとも今の日本の若者においては、実態にそぐわない誤解含みの見方であるということだ。

じつは、英米圏の若者を対象に行われた調査研究でも、女性は男性に比べて友人の数は少ないものの、より親密で深い関係を結ぶことが明らかにされている（アラン　一九九三）。いうならば、男性の友人関係は「広く浅い」、女性は「狭く深い」という構造的な違いがみられるのである。

ひとまずこの点をおさえておいて、次にもうひとつの構造的な違いに目を移すことにしよう。

「向かい合い」型の関係性と「横並び」型の関係性

表12－1をあらためて見てほしい。男性の方が肯定回答率の高い項目がひとつだけある。親友とは「趣味や関心が近い」という項目だ。青少年研調査では、新しく友だちをつくるときに役に立ったメディアや話題についても、一一項目にわたって複数選択方式でたずねているが、男性の間でももっとも多か

った答えは「ゲームの話題」であり、四四％に上った。ほかにも、「アニメの話題」四二％、「マンガの話題」三八％など、いわゆるオタク的な趣味性の高い話題が上位を占める（女性ではそれぞれ順に二二％、三一％、二六％にとどまる）。

男性の場合は、このように興味関心の共有やそれに基づく趣味活動を媒介にして、友人関係を形成する傾向が認められるのである。オタクの趣味集団のつながり方などは、その典型例といえるだろう。

それに対して、女性の間でもっとも多く、過半数の五七％が友だちづくりに役立ったと答えたのは、「SNSの利用」であった（男性では三三％）。インスタグラムやツイッター（現X）などのSNSで、メッセージをやりとりしたり、書き込みを読んだりするのは、何か共通の趣味や関心事があるからというよりも（もちろん、なかにはそういう場合もあるだろうが）、相手の人物そのものに関心をもっているからだろう。その意味で、女性の友人関係は、関心がより直接的に相手へと向けられる傾向にあると考えられる。表12－1に示されるように、親友の「考え方に共感できる」「尊敬している」といった回答が女性に多いことも、その裏づけになるだろう。

社会心理学者のポール・ライトは、アメリカの大学生を主な対象として、青少年研調査とはまた別の観点から友人関係について調査しているが、そこでもやはりこれとよく似た傾向が見出されている（Wright 1982）。すなわち、女性の友人関係は、おたがいの人物そのものへと直接的に関心を向ける「**向かい合い**（face-to-face）」型の性質を強くもっていた。それに対して、男性の友人関係においては、関心はまず共通の対象（趣味や活動など）へと向けられ、その共有を介して間接的につながる「**横並び**（side-by-

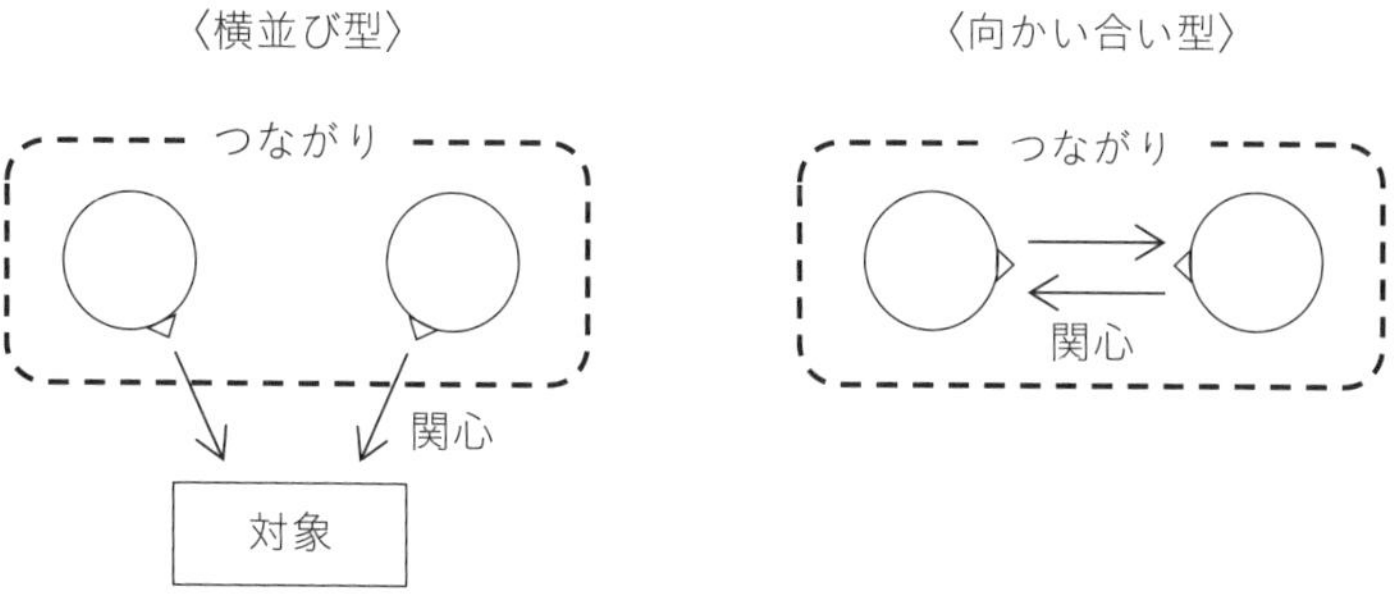

図 12-2　「横並び型」と「向かい合い型」の関係性の模式図

side)」型の性質が強かったのである。図12－2は、これらの関係性の構造的な違いを示したものだ。

男性の友人関係が横並び型で取り結ばれるありさまは、たとえば少年マンガでもおなじみだろう。スポーツや格闘技、はたまた大冒険や宇宙戦争といった設定のもとで、強敵を倒すという目的・関心を共有する仲間たちが、それを達成する過程を通して友情を深めてゆく。社会学者タルコット・パーソンズ（一九七三）の用語法を借りていえば、このような友人関係は、少なくともその始まりの時点においては、目的を達成するための手段として価値づけられる**インストゥルメンタル**（**道具的**）な関係性と呼べるだろう。それが、行動・活動をともにしていくことの結果として、いわば副産物的に、強い友情の絆へと発展していくわけだ。

これに対して、女性的な向かい合い型の友人関係は、そもそもはじめから関心が直接相手へと向けられており、つながりを取りもつこと自体が目的であるような**コンサマトリー**（**自己充足的**）な関係性である。このことは、友人関係より恋愛関係を例にした方がわかりやすいかもしれない。私たちは恋愛において相手の存在そのものに向き合い、相手とのつながりそれ自体を求める。恋愛はまた、多くの少女マンガが好んで描くテーマでもある。少女マンガ／少年マンガはそれぞれ、私たちの社会ではどのような関係性が女性的／男性的に価値あるものとされるかを映しだしてもいるのだ。

交話的なつながりの作法

こうした横並び型と向かい合い型という関係性の違いをふまえると、なぜ女性の方が友人とＬＩＮＥなどでこまめにやりとりをするのかも理解しやすくなる。

まず横並び型の関係の例として、同じアイドルが好きな友人がいるケースを考えてみよう。このところライブもイベントもなかったので、その友人とはしばらく会っておらず、連絡もしていない。でも、もうじき握手会があるから、久しぶりに声をかけてみようか。向こうからもそろそろ連絡があるかもしれない。このように思える相手ならば、頻繁にやりとりしなくてもとくに問題なく交友は続いていくだろう。つまり、アイドルへの関心の共有が、おたがいの関係を外から支える土台になっているのである（もっとも裏を返せば、好きなアイドルが変わると関係が保てなくなるような脆さもはらんでいるわけだが）。

しかし、向かい合い型の関係性は、関心が直接おたがいに向けられているため、このような外からの支えをもたない。友だちでいたい、関係を続けたいというおたがいの意思・欲求だけに支えられた「**純粋な関係性**」（ギデンズ　一九九五）である。積極的に相手と接触し連絡をとることは、その意思・欲求を自然なかたちで示すことになる。これも恋愛関係を例に考えるとわかりやすいかもしれない。とりたてて伝えることはなくても、ちょっとしたメッセージを送り合い、返信し合うこと自体が楽しくうれしい。それは、何か必要があってなされるやりとりではないからこそ、つながっていたいという相手の思い（そして自分の思い）がより前面に立って感じ取られるからだろう。

このように、向かい合い型の関係性においては、たいした用がなくてもこまめに接触し連絡することが、相手への関心（友情や愛情）の証となり、つながりを保つための作法となる。そこで重要なのは、何を伝えるかよりも、コンタクトをとるという行為そのものである。それは、あいさつという行為に似た側面をもっている。「こんにちは」と言ったり会釈したりすることで、私たちは何か情報を伝達しているわけではない。その意味では無内容な行為だが、それでも知り合いに会ったのに何のあいさつもなく無視されると、関係を拒否されたように感じるだろう。つまり、あいさつはおたがいの関係を確認し維持する機能をもつのである。言語学者のロマーン・ヤーコブソン（一九七三）は、これを情報伝達とは区別して、コミュニケーションの**交話的**（phatic）機能と呼んだ。

この交話的なつながりの作法という観点からすると、メールやSNSのメッセージは、ある種の〝贈り物〟と考えることもできる。贈り物もまた、何を贈るかという内容以上に、贈るという行為そのものが相手への好意（関心）を示し、関係を取りもつ機能を果たす。実際、筆者が二〇〇七年に行った調査の結果によれば、「友だちにちょっとした贈り物をするのが好き」と答えた人ほど、友だちによくメールを送っていた。加えて興味深いのは、メールに「絵文字や顔文字をよく使う」と答えた割合も高かったことだ。贈り物をきれいに包装してリボンをかけるように、絵文字や顔文字、スタンプ等もメッセージをきれいに〝ラッピング〟するという相手への配慮のあらわれなのかもしれない（辻　二〇〇八）。

女性の友情はなぜ低くみなされがちなのか

さて、男女で比較すると、このように「ちょっとした贈り物をするのが好き」なのも「絵文字や顔文字をよく使う」のも、やはり女性の方が多かった。こうした交話的な（あるいは向かい合い型の）つながりの特徴が、表面を飾りたてるばかりで脆弱な女性の友人関係というステレオタイプを強化してしまっているのだろう。

イギリスの社会学者グラハム・アラン（一九九三）によれば、このステレオタイプは西欧近代社会でも一般的にみられるものであり、「女性の友情というものはかなり希薄」で「意地が悪く、噂話に花を咲かせ」がちで「信頼できない」、さらには「取るに足りず、男性の友情よりも重要性が低い」とみなされてきたという。だが、それに対して、アランの挙げるいくつかの先行研究においては、実際の女性の友人関係では、自己開示がよくなされ、親密度も信頼度も高いという知見が示されている。日本でも同様の傾向が認められることは、ここまで紹介してきたとおりだ。

もちろん個人差も大きいが、全体的・平均的にみれば、向かい合い型の女性の友人関係はより親密で全人格的な深いつながりといえる。逆に、横並び型の男性の友人関係は、相手に関心が直接向けられていない点ではより表面的なつながりとみなせよう。それゆえ、関心の共有という支えが失われると（たとえば趣味や好きなアイドルが変わる等）、相手とのつながりも切れやすくなる。また青少年研調査では、すでに紹介したとおり、男性は女性に比べて、親友に対して「悩みの相談ができる」「自分の弱みをさらけ出せる」「ケンカをしても仲直りできる」という者が少なかった。それに加えて、「友だちとは、困ったときに助け合うようにしている」と答えた割合も低かった。これらの点からも、男性のつながりはむしろ脆く、孤立に陥りやすいことがうかがえる。

それにもかかわらず、なぜ女性の友人関係は、一方的に低く価値づけられがちなのだろうか。この疑問を解くひとつの手がかりは、向かい合い型の友人関係が、先にみたように恋愛関係と同じ性質をもっていることにある。文学者のイヴ・セジウィック（二〇〇一）は、同性間の性愛的関係を表す「ホモセクシュアル」に対置させて、同性間の社交的関係を示す「**ホモソーシャル**」という概念を打ちだし、同性愛嫌悪《ホモフォビア》の存する社会では、ホモソーシャルな関係がホモセクシュアルな関係と共通性や連続性をもつことに対して抑圧が働くと論じた。そうした**異性愛中心主義**の社会では、相手へ直接関心（欲望）を向けることなく、共通の対象・目標をめざして協力あるいは競争する、横並び型の男性的な友人関係が規範的に正しいあり方とされ、重視されることになる。それに対して、恋愛関係と構造的共通性をもつ、向かい合い型の女性的な友人関係は、取るに足りないものと軽んじられ、ときに女性の間には「真の友情」は成り立たないといわれるほどに不可視化されるわけだ。

それはまた、「男は仕事、女は家庭」という近代産業社会において形づくられた**性別役割分業**に適合的でもある。仕事という「公的」な領域では、目的を共有する職場の仲間と協力・競争する横並び型の関係が求められる。男性のつきあいが職場や仕事関係に偏りがちで、定年退職後に孤立しやすいことの一因も、横並び型のつながりのもつ性質とその脆さに求められるのではないだろうか。一方、家庭という「私的」な領域では、配偶者や子どもを気遣い、全人格的な愛情をそそぐ向かい合い型の関係が理想化される。また、仕事を介した「公的」な関係は〝広く浅い〟、家族との「私的」な関係は〝狭く深い〟という、男女におけるもうひとつの友人関係の構造的な違いにも対応していよう。私たちは知らず知らずのうちに、そうした男女別のつながりの型にはめられるような社会化の作用を受けているのだ。

しかし、「男は仕事、女は家庭」といった昭和的な価値観は、今や崩れつつある。SNS上では、女性の社会的抑圧に抗議する #MeToo 運動などにみられるような、女性たちの「公的」な連帯《つながり》も目立ち始めている。こうした変化とも関連づけながら、一見「私的」で個人的なものに思える友人関係をジェンダーの視点からとらえ返していくことが、今後さらに重要となるだろう。

（辻　大介）

※ここで紹介した「青少年研調査」は、日本学術振興会科学研究費・基盤研究A（二〇一九年度〜二〇二三年度）「現代若者の再帰的ライフスタイルの諸類型とその成立条件の解明」（研究課題番号一九H〇〇六〇六、研究代表者：浅野智彦）によるものである。

引用・参考文献

アラン、Ｇ　一九九三『友情の社会学』（仲村祥一・細辻恵子訳）世界思想社。

カッツ、Ｊ・Ｅ／オークス、Ｍ編　二〇〇三『絶え間なき交信の時代――ケータイ文化の誕生』（富田英典監訳）ＮＴＴ出版。

ギデンズ、Ａ　一九九五『親密性の変容――近代社会におけるセクシュアリティ、愛情、エロティシズム』（松尾精文・松川昭子訳）而立書房。

青少年研究会　二〇二四「現代若者の再帰的ライフスタイルの諸類型とその成立条件の解明　成果報告書」。

セジウィック、Ｅ・Ｋ　二〇〇一『男同士の絆――イギリス文学とホモソーシャルな欲望』（上原早苗・亀澤美由紀訳）名古屋大学出版会。

辻　大介　二〇〇八「若者のコミュニケーションにおける配慮の現れ方」『文学』第九巻第六号。

パーソンズ、Ｔ　一九七三『社会構造とパーソナリティ』（武田良三監訳）新泉社。

ヤーコブソン、Ｒ　一九七三『一般言語学』（田村すゞ子ほか訳）みすず書房。

Wright, P.H. 1982 "Men's Friendships, Women's Friendships and the Alleged Inferiority of the Latter," *Sex Roles* 8-1.

BOX5 メンズリブ

多賀 太

一九九〇年代、男性としての生き方を問い直そうとする男性市民たちの活動が、日本各地に広がっていった。こうした動きは、当時「メンズリブ」と呼ばれた。メンズリブの全国的な広がりの端緒は、一九九一年に大阪で誕生した「メンズリブ研究会」である。研究会と名乗っていたが学術団体ではなく、活動の中心は隔月で開催される例会（語り場）の運営と機関誌の発行だった。発足時に世話人を務めた五人の男性たちは皆、身近なフェミニストの女性たちと一緒に社会活動に取り組む中で、男性の問題に男性自身が取り組む必要性を痛感して会の立ち上げに至ったという。そうした意味でメンズリブは、海外から輸入されたものではなく、日本のジェンダーをめぐる社会的文脈のもとで日本の男性たちが始めた男性運動（men's movement）である。

一九九五年には、メンズリブ研究会の世話人や参加者らが中心となって大阪に開設された「メンズセンター」（Men's Center Japan）がネットワークのハブとなり、全国各地にその流れを汲む男性グループが相次いで誕生した。ほとんどのグループで活動の中心を占めたのが「語り場」の運営だった。これは、女性解放運動の中で女性たちが行ってきたCR（Consciousness Raising 意識高揚）のいわば男性版であった。参加者たちは、自らの経験や実感に根ざした男性同士の語り合いを通して、男性ならではの辛さや悩みを分かち合ったり、「男らしさ」への囚われに気づいたりしながら、当時社会的にほとんど認知されていなかった男性が抱える諸問題を言語化していった。彼らの問題意識は、機関誌の発行、ホームページの開設、公開イベントの開催などを通じてグループ外の人々に対しても発信され、マスメディアでも報じられた。

一九九六年には、メンズセンターの主催でメンズリブの全国集会である「男のフェスティバル」が初めて京都で開催された。この催しは、大阪、東京、福岡、名古屋、香川など各地の男性グループの主催により、二〇〇八年までに計一一回開催された。

一口に男性運動といっても、政治的な立ち位置やフェミニズムに対する姿勢は一様ではなく、男性の特権性を強調するもの、男性ならではの生きづらさに着目するもの、男性内の多様性や格差の視点から問題提起するものなど、さまざまな流れがある。日本のメンズリブは、男性の生きづらさからの解放に特化した運動ととらえられがちだが、当時の活動記録からは、男性支配やインターセクショナリティの視点も含む多様な活動の複合体だったことがわかる。

二〇〇〇年代になると、メンズリブを名乗るグループの活動は次第に衰退していった。もっとも大きな理由は、ジェンダー平等の取り組みに対する保守派からの一連の攻撃（リベラル派はこれを「バックラッシュ」と呼んだ）が激化し、表立った活動がやりにくくなったことである。また、前段で述べたように、扱う問題やそれらの問題に取り組むスタンスが多様であるがゆえに、運動の成熟にともなって参加者たちの間で関心や立場の違いが顕在化してきたことも、衰退の理由の一つと考えられる。

今や歴史としてしか語られなくなったメンズリブだが、当時メンズリブが提起した課題の多くは、今日の男女共同参画施策や男性のジェンダー問題を扱うメディア報道においても、いまだに重要な課題であり続けている。また、父親の育児参加促進に取り組む「ファザーリング・ジャパン」や、ジェンダーに基づく暴力防止を男性から男性に呼びかける「ホワイトリボンキャンペーン」の展開、さらには、男性グループを組織せず地域や職場や学校などで女性や多様なジェンダーの人々と一緒にジェンダー平等に向けて活動する男性たちの増加などからも、メンズリブの問題意識は現代まで脈々と受け継がれていることがうかがえる。

男性が自らをジェンダー問題の当事者に位置づけ、ジェンダー問題を自分事として考える。そうした社会風土を醸成するうえで、一九九〇年代のメンズリブの誕生と広がりは、画期的な出来事であった。

参考文献：大東貢生・多賀太「日本における男性問題への対応の歴史」伊藤公雄ほか『男性危機？——国際社会の男性政策に学ぶ』二〇二二年、晃洋書房。

（たが　ふとし　関西大学教授）

13 闘う――戦争・軍隊とフェミニズム

兵士になった女性たち

「闘う」と聞いてあなたはどんなイメージを頭に思い浮かべただろう。銃を持って匍匐前進する姿？　戦車や艦船の隊列？　凜々しい戦闘機パイロット？　いずれにしてもそれらは男性的なイメージで、戦争・軍隊は昔から男の領分だと思われるかもしれない。だが、『平家物語』の巴御前《ともえごぜん》のような女武将が描かれた背景として、中世には女性騎馬武者の存在が知られているし、大河ドラマの主人公にもなった新島八重のように、幕末期の戊辰戦争には断髪・男装し銃を手に闘う女性たちがいた。同様に、近世ヨーロッパでも男装して闘った女性兵士たちの記録が残されており、アメリカ独立戦争でも、男性名を名乗って闘い、負傷して女性と判明した後も、勇敢な行動を讃えられ、軍人年金を与えられた女性がいた。歴史をグローバルにたどってみれば、性別越境して「闘う」という男性の役割に挑む女性たちは、決して近年急にあらわれたものでないことがわかる。

女性は受動的で平和を愛するといったステレオタイプと異なり、女性たちはあらゆる時代、あらゆる場所で、紛争を支援し、戦争に参加してきた。軍事社会学者のマディ・W・シーガルは、女性が闘いに必要とされるときにはその活躍が思い起こされるのに、彼女たちの貢献を文化的に喪失するプロセスがあることを指摘する（Segal 1995）。闘いが終わると、女性の軍事活動はマイナーなもの、あるいは存在さえしないものとして再構築され、「軍隊の男性、家庭の女性」という神話が維持されるのである。

一七八九年七月一四日のバスティーユ襲撃に始まるフランス革命に多くの女性たちが加わったにもかかわらず、家庭回帰が叫ばれたのも同じ構図だ。「人権宣言」が男性の権利宣言にすぎないことを示そうとして、オランプ・ド・グージュが一七九一年に起草した「**女性の権利宣言**」の後文にはつぎのような呪詛の言葉が含まれている。「奴隷であった男性は力を増し、鉄鎖を砕くためにあなたの力を借りなければならなかった。自由の身となると、彼は同伴者にたいし公平を欠く。ああ、女たちよ、女たちよ、いつの日に目を開くのですか？　あなたたちは、革命から、どんな利益をうけたか？」（西川　二〇〇〇）。

ジェンダー化された国民軍と総力戦

近代国民国家は市民権と兵役をセットにしたが、フランスがそうであったように、**国民軍**は一般に女性を排除してスタートした。この国民軍に参与できる男性を頂点とすることで、「国民」はジェンダー化されたのだ。

国民国家は**総力戦**に向けて国民皆兵主義を徹底化していったが、女性をどのように国民化するのかは、ナショナリズムとジェンダーという二つの力学の作用によりヴァリエーションをみせた。国家への帰属と貢献を引きだすナショナリズムの力学が、国民を平準化することで既存のジェンダー秩序を変革し、闘う女性兵士を創出するのに対し、性別分業の維持と安定をはかるジェンダーの力学は、ジェンダー規範の越境を試みる女性兵士の創出を抑止する方向へと働く（佐々木 二〇〇一）。ただし、「女は銃後、男は前線」を越えて女性兵士を生みだしたとしても、彼女たちに「女性向き」の仕事をあてがうというかたちで性別分業を維持することは多くみられた。たとえばアメリカでは、第一次世界大戦で軍務についた女性の大多数は看護師であり、第二次世界大戦で欧州戦域にも派遣された陸軍女性部隊の兵士たちを戦闘部署につけることはしなかった。第一次世界大戦時から陸軍女性補助部隊を発足させていたイギリスでも、女性たちには、掃除、洗濯、調理、事務などの「女の仕事」があてがわれ、性別分業を維持した。一方、ソ連や中国では、女性兵士を特殊技能者として軍隊に入れており、第二次世界大戦時には戦闘にも参加させたことで知られている。

日本の兵役と女性の国民化

近代国民国家は国家が正当な力の行使を独占することによって成り立つが、日本の場合、廃刀令によってそれを可能にしたのが明治政府だった。早くも一八七二年には徴兵告諭がだされ、四民平等の原則のもと、国民皆兵がうたわれた。一八八九年に公布された**大日本帝国憲法**第二〇条は「日本臣民は法律の定むる所に従ひ兵役の義務を有す」と規定しており、憲法上は女性にも兵役の義務があった。しかし、一八八九年の改正徴兵令はこの義務を「日本帝国臣民にして満一七歳より満四〇歳迄の男子」に限定し、一九二七年の兵役法においても兵役義務は男子に限定された。これについて議会では憲法違反ではないかと質問が出されているが、政府の答弁は、国民皆兵に「若干の除外例」を認めることは違憲ではないというものだった（大江　一九八二）。

ただし、徴兵制には戸主や相続人をはじめとするさまざまな免役条項があったので、男性といえども実際に徴兵された割合は、一八七七年三・五％、八八年四・六％とごくわずかであった。一八八九年に免役条項がほぼ廃止されることでその率は漸増していくが、それでも二割弱である（吉田　二〇〇二）。日本の動員兵力は列強諸国の中ではかなり低い水準にあったと言われており、一九四五年初頭の段階でも、内地の生産年齢人口（一四―六〇歳）に占める割合は一一％にすぎなかった（吉田　二〇〇五）。

総力戦の遂行には女性も動員された。第一次世界大戦では各国で女性労働力の大量動員が行われ、イギリスのように補助的な軍務につく女性部隊も出現し、第二次世界大戦では各国に女性部隊が創設されていった。しかし、日本では「家」制度が重んじられ、労働動員であってもその対象を未婚女性に限定した。また、戦局の悪化にともない軍務への女性活用を検討するも、ジェンダー秩序の変革につながる女性兵士の創出にふみきろうとはしなかった。

当時の女性運動家たちはこうした当局の及び腰を、ときに叱咤した。一九四三年七月、大政翼賛会中央協力会議において、大日本婦人会理事の山高しげりは、「政府は躊躇するところなく未婚女子徴用を断行されたし」と要望している（加納　一九九五）。だが、東条英機首相がラジオで女性たちに家庭を通じた国家への奉仕を呼びかけたように、当時の日本社会には女子の徴用が家族制度の破壊につながるという強い懸念があった。

市川房枝ら当時の婦人参政権運動家は「女子徴用は家族制度となんら抵触するものにあらず、否、むしろ家族制度を護持するためにこそ、女性はハンマーを振るい、銃を取って立ちあがらねばならない」とこれに反発した（加納 一九九五）。彼女たちには、女性が総力戦のもとで力を示せば参政権獲得をはじめとした地位向上のチャンスになるとの認識があり、これが戦争協力へと突き進んでいく姿勢をつくりだしていたのである。

戦局も終盤となると、ナショナリズムの力学がジェンダーの力学を凌駕しはじめる。一九四四年八月に公布された女子挺身勤労令は、一二歳から四〇歳までの女性に一年の就労を義務づけた。「家庭の根軸たる者」を除くという例外規定はあったが、女性運動家たちは女子徴用の実現だとこれを歓迎した。そして本土決戦が予想されるようになった四五年六月、ついに一七歳から四〇歳までの女性を国民義勇戦闘隊へ編入させる**義勇兵役法**が成立する。結局、本土での編成前に敗戦を迎えたが、日本にも女性兵士創出の機運はあったのである。民主化に関する五大改革の中で女性が参政権を獲得したのは一九四五年。四七年には家制度の廃止が続いた。戦後、日本人女性の国民化が遂げられたのと入れ違いに、「内地」在住の朝鮮人男性たちは一九二五年普通選挙法以来の参政権を失い、国民の外側へと放逐された。

男性性を構築する制度としての軍隊

当然のことだが、すべての男性が軍隊や戦争から利益を得ているわけではない。男性が生来暴力的であるというのは、女性が生得的に平和志向を有するというのと同じ神話である。明治政府が徴兵制を開始したときには各地で徴兵反対暴動が起こったし、徴兵忌避のさまざまな試みは昭和にいたるまで続けられた。これに対抗するため、政府は、兵役は真正男子の喜びであり誉れであるという考え方を浸透させていく（細谷　二〇〇九）。若い男性を闘う身体としてランクづけする徴兵検査は男の通過儀礼として彼らを序列化し、そのアイデンティティを形成していった。

軍事社会学は、軍隊の考察にあたってアーヴィング・ゴッフマン（一九八四）の**トータル・インスティテューション**（全制的施設）という概念を用いてきた。近代社会では職住分離のもと、人々はさまざまな場所でさまざまに生活を営む。だが、トータル・インスティテューションでは、労働と生活の境界線がなく、人々は単一の場所に集められ、単一の権威に統制され、同じ集団の人間との接触を展開する。

新兵がすぐに使える戦士であることはめったになく、軍隊に要求される性質は意識的に教化されなければならない。彼らは入隊後、私服をとられ、髪の毛を刈られ、大半の私物を没収され、これまでの市民生活のあらゆる痕跡を消去される。家族から引き離され、身体検査や体力測定を課され、生活を管理され、しばしばおもしろみがなく無意味に思える膨大な作業を強制される。

新兵の耳元で叫ぶ訓練指導官は、入隊以前にしてきたことは何ひとつ重要ではないことを彼らにたたきこみ、以前の生活の達成を空っぽにする。そうしてつくられた自己評価の真空地帯を、闘う兵士のアイデンティティが埋めるのだ。そして、彼らは仲間の兵士との間に強い絆をつくりだしていく。その絆は、家族や親密な人々との関係も含め、これまでのいかなる関係よりも強いものであり、彼らは自分自身を、新たな家族、戦士兄弟の一員として考えるようになる。

軍隊における市民から兵士への変容は、自分たちとは異なる「他者」を侮辱することでもっとも効果的に達成される。その「他者」の筆頭が女性である。基礎訓練の間、男性新兵たちは女ではないと証明することで「真の男」になれとうながされる。ポジティブなパフォーマンスは仲間からの賞賛をあびるが、パフォーマンスに失敗することはしばしば女性的であるとみなされる。訓練指導官からの罵倒には「女の子だってもっとうまくできるぞ」とか「おまえらお嬢ちゃんはいつもビリだな」といった女性化が含まれる。「真の男」はあらゆる艱難辛苦にも耐える者とされ、途中で断念する者も女性化される。こうして、女性性を徹底的に侮蔑・排除しながら、新兵たちは、身体的・精神的にタフで、攻撃的で、性的活動性を競いあうような男性性へと駆りたてられていくのだ（佐藤 二〇二二）。

このような軍隊は、若い男性にヘテロセクシュアルな男性性を保証してくれる制度であった。米軍が典型的であるが、男性の間にホモソーシャル《同性間の社会的》な絆をつくりだす軍隊は、時に神経質なまでのホモフォビア《同性愛嫌悪》を示す。クリントン大統領時代に導入された「聞かない、言わない（don't ask, don't tell）」政策は、軍隊で性的指向をたずねることだけでなく、彼らが自らそれを表明することも許さぬものだった。軍隊の同性愛差別として長らく問題化されてきたこの政策は、二〇一〇年オバマ大統領の下でようやく撤廃され、二〇一三年には遺族給付金や軍隊施設の利用などの特典が同性カップルにも開かれた。ここにいたるには、性的指向以外のどんな資質をとっても愛国的なアメリカ軍人として自己呈示する当事者たちの闘いの歴史があった。

フェミニズムと軍隊

軍隊で女性は今なお少数派である。ノルウェーが男女平等の観点から徴兵を女性に拡大するとした二〇一五年以前には、徴兵制を有しても韓国のように男子のみを徴兵するところがほとんどで、女性を含めているのはイスラエルのように例外的な存在だった。志願制をとる国では、相対的に女性比率が高くなっているが、それでも二割にも満たない圧倒的な非対称性をもっている（日本の自衛隊は二〇二三年度八・九％）。

軍事任務を果たすことと「一流」市民であることとの間に深いつながりをもつ諸国においては、その任につくことのできない女性が政治的な意思決定をなす立場に立つことが困難になる。ここに、軍隊・戦闘が男性に独占されてきたことを女性の不平等の根源とみなし、女性の参入によりこれを打破しようとする一部のフェミニストたちの根拠があるのだ。アメリカの議会が男子のみを徴兵登録する法律を通過させたとき、女性の権利獲得と地位向上を目指す全米女性機構（ＮＯＷ）がこれを性差別だとした裁判を支援し、湾岸戦争の最中に女性兵士の戦闘参加を認めさせようと決議を出したのもそのためだった。二〇〇五年にＮＯＷがイラク戦争への反対と米軍の早期撤退を主張しつつも、直接地上戦闘支援部隊からの女性排除に反対の意を表したのも同様である。米国防総省が二〇一三年に女性兵士の戦闘参加拡大を決めるまでには、彼女たちの長年の運動があったのである。

だが、闘いを男女で平等にしないかぎり、男女平等の真の実現はあり得ないと考えるこの主張は、闘いへの貢献度が男女で異なるのだから女性差別は正当なものだと考える保守派の主張とコインの裏表の関係にある（佐藤 二〇〇四）。すなわち、両者はともに闘いへの貢献度でもって国民をランクづけする価値観を共有し、支えていることになる。

「闘う権利」の獲得が女性の「二流」の地位解決につながると考えるこのNOWのような立場は、軍事主義的で男性中心的なものだとしてフェミニズム内部から厳しく批判されてきた。しかし、反軍事主義・平和主義を掲げれば、フェミニズムが軍隊の女性差別や性暴力の問題を論じることは難しくなる。軍隊が歴史的・政治的にもってきた重要性を無視し、自らを部外者と位置づけるのは無責任な態度ではないかとの反批判も行われた。経済領域での女性の依存同様に、軍事領域での依存も拒絶すべきではないか、と問う者もいた。

一方、フェミニズムには平和と「女性性」の間に密接な関係を想定する考え方も一大勢力としてあり、彼女たちは、女性の大半が有する母という経験やケア役割、あるいは公的権力からの歴史的な排除によって、女性は平和に対して男性とは異なる関係をもつのだと主張した。しかし、差異がつねに利用されてきたことを思えば、このような本質主義的議論は危うさをはらんでいる。女性的特質によって、男性中心的な軍隊や戦争を変えることができるといった主張には、軍事主義の対抗の基盤として限界があり、楽観的すぎる、との批判もなされた。

こうして、フェミニズムはさまざまな議論を闘わせながら、「女性＝平和」の特別な関係を擁護せず、「闘う権利」の要求が国家公認の暴力を正当化しないような道を探ろうと格闘してきたのである（エンロー二〇〇六、二〇二〇）。

しかし、現実政治は、フェミニズムの中にある男女平等と平和的女性性の主張とをうまく組み合わせながら進んできている。国連では二〇〇〇年に安全保障理事会決議一三二五号が採択された。この決議は、平和と安全保障をめぐるあらゆる活動に女性の参加とジェンダー視点の導入を要求するものである。このジェンダー主流化を歓迎する者の中には、今や「男女は同じなのだから女性も軍隊に適している」ではなく、「男女は異なるのであり女性は軍隊に適さない」でもなく、「男女は異なるのであり女性の方が軍隊に適している」と主張する者もいる。そこでは、女性が軍隊には適さない理由とされてきた性質――穏やかさや他者への共感、争いを調停する融和的なふるまい――が、今日の軍隊の多様な任務に合致したものとして評価され、もっと「女性化」を、もっと「女性的な兵士を」が解として導きだされるのである（佐藤　二〇二二）。だが、フェミニズムが自由や平等といった近代的理念に依拠しながらも、つねにそれらを批判的に吟味する視点を有してきたことを思いかえすなら、「闘い」における自由と平等についても同様に、軍隊の「女性化」とは何を意味するのか、「女性的な兵士」は戦争でどのような役割を果たすのかを慎重に問う必要がある。

ジェンダー化された女性イメージ

以上のことを念頭におきながら、今日の複雑で巧妙な女性イメージの利用に目を向けてみよう。集団的自衛権の行使の必要性を国民に向けて訴えた二〇一四年五月の記者会見で、安倍晋三首相はパネルを

出典：内閣府大臣官房政府広報室 HP
（2024 年 9 月 7 日取得、https://warp.da.ndl.go.jp/info:ndljp/pid/9283589/www.gov-online.go.jp/pr/media/magazine/ad/284.html）

図 13-1　週刊誌に掲載された「積極的平和主義」の広告

示しながら、邦人を乗せた米軍艦を守れないのはおかしいと主張した。ナショナリズムは、保護し守ろうとするネイションを女性として描き、女性や子どものような脆弱な人々を保護するために闘うよう男性に呼びかける。このパネルが、救済の対象である邦人を、スーツを着た男性サラリーマンではなく、赤ちゃんを抱えた母親と子どもとして描いたのは、この定石に則ったものと考えられるだろう。

一方、週刊誌に掲載された「積極的平和主義」の広告をみてほしい（図13-1）。ピンクを基調としたフレームの中、「日本の安全保障の基本理念です。」のコピーとともに、地元の女の子に折り紙を教えている女性自衛官の姿がうつしだされる。女性たちは「殺し、傷つけ、破壊する」のではなく、「救い、ケアし、建設する」軍隊の中で、保護し救済する主体として表象されるのだ。

二〇〇一年の九・一一テロ攻撃後のアメリカでは、勇敢な女性兵士の姿が抑圧されたアラブ女性と対比された。彼女たちは、アメリカの道徳的優位を象徴し、「救済」という大義を掲げて介入を正当化することに重要な役割を果たした。対テロ戦争は、ジェンダー化された「国民」と「敵」のイメージを巧妙につくりあげることによって、遂行されたのである（シェパード 二〇二四）。

一方、二〇二二年にロシアが侵攻したウクライナでは「国民総動員令」が出され、一八〜六〇歳の男性を、徴兵に備え出国禁止とした。ウクライナ外務省は、若い女性たちが武器をとり国に残る決断をした姿を称え、SNSに投稿したが、こうしたイメージはどのような効果をもっただろう？ ウクライナの男性に対しては、「女性ですら国のために立ち上がっているのに、逃亡するなんて卑怯だ」というプレッシャーを与えただろう。また、国際社会に対しては、「戦争に縁遠い」と思われている女性たちの戦う姿をアピールすることで、ウクライナへの共感をいっそうかき立てたはずである。

このように、女性たちは過去も現在も、軍事作戦にさまざまなかたちで組みこまれながら、ジェンダー化された役割を果たしつづけている。異性愛男性の男らしさの構築の場としてきわめて重要な意味をもってきた軍隊が、その人員も任務も多様化させていく中で、私たちはこれとどう向き合うべきなのか――その複雑な闘いのあり方が改めて問われているのである。

（佐藤文香）

引用・参考文献

エンロー、C 二〇〇六『策略――女性を軍事化する国際政治』（上野千鶴子監訳・佐藤文香訳）岩波書店。

――――　二〇二〇『〈家父長制〉は無敵じゃない――日常からさぐるフェミニストの国際政治』（佐藤文香監訳・田中恵訳）岩波書店。
大江志乃夫　一九八二『昭和の歴史3　天皇の軍隊』小学館。
加納実紀代　一九九五『女たちの〈銃後〉増補新版』インパクト出版会。
ゴッフマン、E　一九八四『アサイラム――施設被収容者の日常生活』（石黒毅訳）誠信書房。
佐々木陽子　二〇〇一『総力戦と女性兵士』青弓社。
佐藤文香　二〇〇四『軍事組織とジェンダー――自衛隊の女性たち』慶應義塾大学出版会。
――――　二〇二二『女性兵士という難問――ジェンダーから問う戦争・軍隊の社会学』慶應義塾大学出版会。
佐藤文香・児玉谷レミ　二〇二四「フェミニズムと戦争・軍隊――二一世紀の新たな難問」上野千鶴子・江原由美子編『挑戦するフェミニズム――ネオリベラリズムとグローバリゼーションを超えて』有斐閣。
シェパード、L・J　二〇二四「ヴェールに隠された参照項――九・一一後アフガニスタン攻撃に関するブッシュ政権の言説におけるジェンダー構築」（佐藤文香監訳・本山央子訳）平山亮・佐藤文香・兼子歩編『男性学基本論文集』勁草書房。
西川祐子　二〇〇〇『近代国家と家族モデル』吉川弘文館。
細谷　実　二〇〇九「日本における徴兵制導入と男性性」加藤千香子・細谷実編著『ジェンダー史叢書5　暴力と戦争』明石書店。
吉田　裕　二〇〇二『日本の軍隊――兵士たちの近代史』岩波新書。
――――　二〇〇五「日本陸軍と女性兵士」早川紀代編『戦争・暴力と女性2　軍国の女たち』吉川弘文館。
Segal, M. W. 1995 "Women's Military Roles Cross-Nationally: Past, Present, and Future," *Gender & Society*, 9(6).

14　移動する――交差する関係の中で

孤立出産する技能実習生

二〇二三年、最高裁は、死産した双子の赤ちゃんを遺棄したとして罪に問われていたベトナム人元技能実習生に無罪を言い渡した。彼女は、二〇年一一月、働いていた熊本県で双子の赤ちゃんを死産したが、その遺体を自宅に放置したとして死体遺棄の罪に問われ、地裁・高裁では執行猶予つきの有罪判決を受けていた。しかし最高裁は、彼女の行為は死体遺棄に当たらないとし、逆転無罪を認めたのである。実際、彼女は、妊娠を誰にも告げられないまま自宅で孤立出産し、息のないまま生まれてきた赤ちゃんの遺体をタオルに包み、追悼の手紙を添えて箱に入れ、棚に置いていた（『東京新聞 TOKYO Web』二〇二三）。

この孤立出産の背景には、技能実習生だった彼女が帰国や退職を迫られることを恐れ、妊娠を誰にも打ち明けられなかったことがある。彼女が抱いた「妊娠したら帰国させられるかもしれない」という恐れは、誤った思い込みというものではない。というのも日本政府は、妊娠・出産を理由として、解雇などの不利益取り扱いをすることは法律違反だとしているものの、実際には、妊娠した技能実習生が、送り出し機関、企業や監理団体から中絶か帰国かを迫られたり、「自主的」な帰国を促される例は後を絶たないからである。出入国在留管理庁の調査でも、「妊娠したら仕事を辞めてもらう」などの発言を聞いたことがある技能実習生は二六・五％に及んでいる（出入国在留管理庁 二〇二二）。同時に、孤立出産をする他の技能実習生のケースもたびたび報告されている。

また、妊娠や出産による不利益取り扱いを禁止したとしても、技能実習生には家族帯同の権利が認められていないため、生まれてくる子どもに認められる在留資格（法的地位）は例外的なものでしかない。これは、技能実習生が子どもを日本で育てることは、想定されていないことを意味している。そのような状況で、技能実習生は安心して子どもを産むことができるだろうか。さらに技能実習生の場合、送り出し国で借金をして来日するケースが多く、また日本での転職も原則として禁じられている。そのため、就業中に問題が生じたとしてもそこに我慢して留まるしかない状況に追い込まれがちである。

二〇二七年までに、技能実習制度は廃止され、現行の特定技能制度と結びついた新しい育成就労制度に移行される予定である。しかし新制度においても、家族帯同の権利が認められていない点は変わらないため、移民女性のリプロダクティブ・ヘルス／ライツも保障されないままになる恐れが高い。

グローバル化と移民の女性化

一九七〇年代以降、国境を越えて移動する人々の中で、女性が単身で移動するパターンが注目されるようになった。こうした国際移動を経て、移動先の社会で一定期間生活をする人を移民というが、その中で女性の割合が増加する現象が顕著になり、「移民の女性化」といわれるようになった。「移民の女性化」の背景として、サスキア・サッセンは、新しい国際分業の進展に着目した。すなわち二〇世紀後半以降、多国籍企業は、欧米や日本などの主要工業国から生産コストのより安い中南米や東南アジア諸国に生産拠点を移転するようになった。これらの国では、開発戦略として輸出指向型の工業化が進められ、その主要な手段として設けられた輸出加工区に多国籍企業の工場が誘致されるようになったのである。それらの工場では電化製品や衣料などがつくられたが、その作り手として、国内の農村から移動してきた若年女性労働者が、短期雇用の低賃金労働者として雇われた。一方、こうした若年女性の大量雇用は、当該社会における既存の労働構造を解体させることになった。また彼女たち自身も、多国籍企業の近代的な工場で働くことによって西洋文化の洗礼を受け、出身共同体との文化的な隔たりを感じるようになった。これらの結果、女性たちは、雇用期間が終了した後も出身共同体には戻れず、あるいは戻ることを望まず、移民になる蓋然性が高い存在となり、先進諸国への移動へと方向づけられていったという（サッセン　一九九二）。

同時に、「移民の女性化」は受け入れ社会側のニーズとも結びついていた。というのも、欧米諸国では、一九七〇年代前半の石油危機をきっかけとした経済停滞に直面し、現地女性の就労が促進されるようになったからである。また女性自身も、家庭における母役割や妻役割にはとどまらない自己実現の機会として自らの就労を模索するようになっていた。こうして、それまでの性別分業のあり方が問い直されると同時に、家事や育児を担うことで共働き家庭を支える家事労働者として移民女性のニーズが高まることになった。

移民家事・介護労働者――再生産領域における移民女性①

さて、上記のような「移民の女性化」が顕著となった地域の一つがアジアである。アジアでは域内における経済格差を前提として、経済的に劣位な国から優位な国への女性の移動が目立つが、その先陣を切ったのが、香港やシンガポールで働くようになった移民家事労働者だった（上野 二〇一二）。これらの国・地域では、一九八〇年代頃から国内女性の就労を促進する政策の一つとして、家事労働者の受け入れが始まり、近年では高齢者介護の役割も期待されるようになっている。また台湾でも、主に高齢者介護の担い手として移民労働者が受け入れられるようになった。日本でも二〇〇〇年代頃から国内に定住している移民女性が介護職で働くようになり、その後、経済連携協定（ＥＰＡ）、在留資格「介護」、技能実習、特定技能など複数の経路で受け入れた移民が介護現場で働くようになっている。こうしたアジア諸国における家事・育児・介護というケア領域で働く移民労働者の多くは、フィリピン、インドネシア、ミャンマーなど同じアジア出身の若年女性である。

一方、こうした移民家事・介護労働者は、就労先の国で権利を大きく制限されがちである。そしてこの権利の制限は、グローバルな階層化と結びついている。どういうことか、具体的に説明してみよう。まずシンガポールや香港、台湾で働く家事・介護労働者、日本における技能実習生の場合、家族帯同が認められていない。そのためかれらは、家族を出身国に残して単身で働きに来ることになる。一方、これらの出身国では、福祉制度が十分に整備されていない傾向にあるので、移民家事・介護労働者の親や子どものケアは、多くの場合、その他の女性家族メンバー、それが難しい場合は国内の家事・介護労働者が担っている。つまり受け入れ国での権利の制限は、送り出し国のより脆弱な地位にある女性のケア負担につながっているのだ。ラセル・パレーニャスは、この現象を再生産労働が国境を越えて女性たちに分業されている状況として捉え、「**再生産労働の国際分業**」と呼んだ（Parreñas 2001）。

この現象はまた、先進社会の女性や家族を移民女性がケアし、移民女性の出身国に残された家族のケアはその社会で社会経済的により劣位に置かれた女性が担うという「**グローバルなケアの連鎖**（グローバル・ケア・チェーン）」としても概念化されてきた（Hochschild 2000）。これは、経済的に優位な国に暮らす富裕層やミドルクラスの女性が、自らの社会進出や家族の生活の維持のために移民女性によるケアに頼ることを意味している。一方、移民女性や彼女の出身社会にとっては、そこに暮らす人々に対するケアの時間や関心、手間が奪われていることを含意している。くわえて雇用主世帯においても、彼女たちを雇用することで、ケアに関する夫婦や家族間の交渉というコスト、さらには男性の家事・育児責任を回避することが可能になっている。つまりケアは今日、ジェンダー化、人種化、階層化された不平等を織り込みながら、グローバルなかたちで分業され、女性間あるいはジェンダー間の格差を再生産している。

このような不平等が存在するとしても、移民女性たちは、その無力な犠牲者にとどまっているわけではない。たとえば彼女たちは、雇用主と交渉して休日を確保したり、その休日に同じ家事労働者で集まり、自分たちのスペースを創り出してきた。また香港などでは、移民家事労働者の労働組合を結成し、自らの権利を、送り出し・受け入れ双方の社会や政府に要求する取り組みもある。このように彼女たちは、構造的な制約の中、多様なかたちでエージェンシーを発揮している（伊藤・足立編　二〇〇八、小ヶ谷　二〇一六、上野　二〇一一）。

結婚移民——再生産領域における移民女性②

アジアでの再生産領域における女性の移動のもう一つのパターンとして、結婚移民が挙げられる。家事・介護労働者としての移動は、女性が単身で移動し、受け入れ国での永住が制限されるのに対し、国際結婚（越境結婚ともいう）の場合、移民女性は、男性が暮らす国に永住、あるいは少なくとも長期にわたって暮らすようになるケースが多い。

アジアでは、二〇世紀末頃から、低階層や非都市圏出身者など、国内の結婚市場で劣位に置かれた男性と経済的に劣位な国の女性が仲介業者を通じて出会い、結婚、女性が移動するという国際結婚現象が目立つようになった。その先陣を切ったのが日本である。すなわち一九八〇年代前半、農村部で男性の結婚難が目立つようになり自治体が仲介業者と組んで、東アジアや東南アジア地域出身の女性とのお見合いを促進する政策が取られた。このような政策は女性差別や「人身売買」との批判を受け、自治体は事業から手を引いたが、その後民間の仲介業者による結婚が行われるようになった（賽漢卓娜　二〇一一）。

また日本では、「興行」資格で来日したフィリピン女性と日本人男性の国際結婚も多かった（高畑　二〇二四）。一方、韓国や台湾でも同様の仲介業者を通じた結婚が増加するようになり、二〇〇〇年代前半の一時期、韓国では一年間における結婚件数の約一〇％強が、台湾では三〇％弱が国際結婚で占められるようになっていた（Yang and Lu eds. 2010）。その後、政府による規制などがあり、国際結婚の割合は一時期より減少しているものの、結婚移民はそれぞれの社会でめずらしい存在ではなくなっている。

以上のように、アジアにおける再生産領域に関わる女性の移動として、家事・介護労働者と結婚移民が注目されてきた。この二つのカテゴリーは、移動形態に大きな違いがあるが、受け入れ社会では再生産労働（ケア労働）が期待されるという点では類似している。つまり家事・介護労働者は賃労働者として再生産労働に従事することが求められ、結婚移民は、妻・母・義娘として、結婚世帯の家庭内で無償の再生産労働が期待される。

このように、再生産領域に移民女性が配置される背景には、もともと女性が無償で担ってきたこともありケアという営みに対する社会的評価が低く、労働市場においても今なお賃金や労働条件の面で見劣りのする労働として位置づけられていること、一方で女性の社会進出や高齢化によってケアニーズが高まると同時に、福祉の削減・未整備などを背景としてケアが市場化される傾向が強まっていることがある。こうした構造的な「ケアの危機」が、移民労働者に対するニーズを生み出してきたといえるだろう。

両者にくわえ、性産業で働く移民女性も注目されてきた。二〇世紀末、東南アジアで観光業が盛んになると、その一形態としてトランスナショナルな買春産業が拡大するようになった（トゥルン　一九九三）。

一九七〇〜八〇年代に経済発展を遂げた日本から、男性たちが東アジア・東南アジアに「買春ツアー」を企画したのもこのような背景があった。こうした「買春ツアー」は現地や日本から批判を浴び、下火になっていったが、これにとって代わるように広がったのが、日本の歓楽街で働く移民女性たちの移動である。もっとも多かったのは「興行」という在留資格で来日し、スナックやパブで働くフィリピン出身の女性たちで、一九八〇年代から二〇〇〇年代前半まで四半世紀続いた。しかし国際的な人身取引対策の強化やアメリカ国務省による人身取引の疑いがあるとの批判を背景に、法務省は「興行」の認定を厳格化し、この移動経路はほとんど途絶えた。だが、性産業とそこで働く移民女性の移動がなくなったわけではなく、むしろ人身取引という形での犯罪化が、性産業で働く女性たちをより脆弱な立場に追いやっている面もある（青山 二〇一八）。

労働市場におけるジェンダーと移民

今日、日本に暮らす移民労働者は二〇〇万人を超え、さまざまな職業で働くようになっている（厚生労働省 二〇二四）。ただしジェンダーによってその職業は異なっている。この点を、二〇一九年より新しい移民労働者の受け入れ制度として導入された特定技能制度下で働く特定技能労働者（正確には「一号」のみを表14－1で示した）を例として確認してみよう。特定技能労働者は、二〇二四年現在一二分野（職業）での就労が認められているが、表は、分野ごとにジェンダー別の労働者の人数と女性割合を示したものである。ここからわかるように、介護では七五％、飲食料品製造業でも七〇％弱が女性労働者で

表 14-1　産業分野・ジェンダー別特定技能 1 号労働者数（2023 年末）

産業分野	男	女	計	女性割合（%）
飲食料品製造業	19796	41299	61095	67.6
素形材・産業機械・電気電子情報関連製造業	29355	10714	40069	26.7
介護	6979	21421	28400	75.4
建設	24388	45	24433	0.2
農業	13504	10357	23861	43.4
その他	21072	9495	30567	31.1
総数	115094	93331	208425	44.8

出典：出入国在留管理庁『在留外国人統計』

あるのに対し、建設や素形材等の製造業では男性の割合が圧倒的に多い。職業分布がジェンダーによって異なることを性別職域分離というが、移民労働者の受け入れも、社会における性別職域分離を反映するかたちで進められていることが示唆されるだろう。

このような性別職域分離は、労働市場における男女の賃金格差の要因として注目されてきた。たとえば、特定技能の産業分野のうち女性割合がもっとも高い介護と、男性割合がもっとも高い建設を比較すると、日本全体では建設の方が介護より賃金が高い。とするならば、同じ特定技能一号労働者の場合でも、ジェンダーによって収入に格差が生じている可能性がある。こうした点は、データの不足もあって、日本ではほとんど研究が進んでいない。しかし移民労働者間のジェンダー不平等や、それと移民労働者・ネイティブ労働者間の不平等の関係性、すなわち労働市場における、ジェンダーとエスニシティ、国籍や法的地位などが絡み合ったインターセクショナル（交差的）な差別の実態とそのメカニズムは、他の移民受け入れ諸国ではくりかえし問われてきたトピックである。日本でも、労働市場における移民労働者の存在がますます大きくなっている現在、こうした研究の展開が必要だろう。

国家とジェンダー・移民

ジェンダーによって日本での暮らし方が異なってくるのは、労働市場の影響によるだけではない。受け入れ国が定めている制度や法律もまた、ジェンダーやセクシュアリティ、身体のあり方と結びつきながら移民の生を規定している。たとえば、冒頭の技能実習生の孤立出産の背景には、家族帯同を認めないという技能実習制度の問題がある。この家族帯同を認めないというルールは、ジェンダーやセクシュアリティにかかわらずすべての技能実習生に適用されるが、その影響を大きく受けるのは、子どもを身ごもる身体だろう。

これ以外にも、出入国在留管理庁が運営している入管収容所もジェンダーやセクシュアリティ、身体のあり方によって異なる影響を与える。入管収容所については、二〇二一年にスリランカ女性が亡くなった事件に象徴されるように、被収容者に対する暴力や非人間的な扱いなどでたびたび問題になっている。ただそれだけでなく、男女別に整備されているため、トランスジェンダーやノンバイナリーな被収容者は隔離室に収容されるなど周縁的な経験を強いられていることが指摘されている。

さらに、他の法制度と結びつくかたちで、特定のジェンダーやセクシュアリティをもつ人々が差別的に取り扱われる例もある。その典型として、日本人と移民の同性カップルの場合、その移民は「日本人の配偶者等」というかたちで日本の法的地位を得ることはできないという不平等がある。この「日本人の配偶者等」という法的地位は、日本人と結婚した移民に認められるものだが、同性カップルの場合、日本で同性婚が認められていないことから結婚できず、結果として「配偶者」としての地位も認められないのである。つまり日本に同性婚を認める法律がないことが、日本人と移民の同性カップルが日本で安定的に暮らすことを困難にしているのだ（CALL 4「日米同性カップル在留資格訴訟――家族そろって日本で暮らすために」）。

以上からわかることは、一見中立的な制度や法律であったとしても、その影響は、ジェンダーやセクシュアリティ、身体のあり方によって異なるということだ。そもそも国家による移動の管理は、特定のジェンダーやセクシュアリティ、身体を非規範的なものとみなして、排除・管理する歴史でもある。その中で、同性愛者やトランスジェンダーは、しばしばその排除・管理の対象となってきた。一方で、二〇世紀末以降、性的マイノリティを難民として保護しようとする動きもみられるようになっている（工藤　二〇二二）。

グローバル化と私たち

国境を越えた移動は、めずらしいものではなくなっている。このようにいうと、自分は日本生まれ、日本育ちだから、グローバル化や移民とは関係がないと思う読者もいるかもしれない。しかし、あなたの家族の介護をしているのは移民労働者かもしれないし、あなたがコンビニで買うお弁当を作っているのは移民女性かもしれない。つまり、たとえ日本から一歩も出たことがない暮らしを送っていたとしても、私たちはグローバル化とは無縁ではいられないし、移民労働者の働きに依存して生活をしている。一方で、近年は、日本社会がはらむリスクや閉塞感を背景に海外に移住する日本人も増加している。女性や性的マイノリティの場合、その移住の動機の一つとして「生きやすさの模索」が挙げられる（大石二〇二四）。このように、私たちの一人ひとりもまた、ジェンダーやエスニシティ、法的地位、国家間関係といったさまざまな権力関係が交差する社会のどこかに位置している。ジェンダーは、その複雑でみえにくい現実を捉える視点を与えてくれるレンズなのだ。

（髙谷　幸）

引用・参考文献

青山　薫　二〇一八「「不法滞在」する側の論理――とくに性風俗産業で働く人びとについて」安里和晃編『国際移動と親密圏――ケア・結婚・セックス』京都大学学術出版会。

伊藤るり・足立眞理子編　二〇〇八『国際移動と〈連鎖するジェンダー〉――再生産領域のグローバル化』作品社。

上野加代子　二〇一一『国境を越えるアジアの家事労働者――女性たちの生活戦略』世界思想社。

大石奈々　二〇二四『流出する日本人――海外移住の光と影』中公新書。

小ケ谷千穂　二〇一六『移動を生きる――フィリピン移住女性と複数のモビリティ』有信堂高文社。

工藤晴子　二〇二二『難民とセクシュアリティ――アメリカにおける性的マイノリティの包摂と排除』明石書店。
厚生労働省　二〇二四「「外国人雇用状況」の届出状況まとめ（令和五年一〇月末時点）」。
CALL 4「日米同性カップル在留資格訴訟――家族そろって日本で暮らすために」（二〇二四年二月一九日取得、https://www.call4.jp/info.php?type=items&id=I0000111）
賽漢卓娜　二〇一一『国際移動時代の国際結婚――日本の農村に嫁いだ中国人女性』勁草書房。
サッセン、S　一九九二『労働と資本の国際移動――世界都市と移民労働者』（森田桐郎ほか訳）岩波書店。
出入国在留管理庁　二〇二二「技能実習生の妊娠・出産に係る不適正な取扱いに関する実態調査について（結果の詳細）」。
高畑　幸　二〇二四『在日フィリピン人社会――一九八〇～二〇二〇年代の結婚移民と日系人』名古屋大学出版会。
『東京新聞 TOKYO Web』 二〇二三「ベトナム人元技能実習生に逆転無罪　死産の双子の処置「遺棄」に当たらず最高裁判決」二〇二三年三月二四日（二〇二四年九月八日取得、https://www.tokyo-np.co.jp/article/240010）
トゥルン、T-D　一九九三『売春――性労働の社会構造と国際経済』（田中紀子・山下明子訳）明石書店。
Hochschild, A. R. 2000 “Global Care Chains and Emotional Surplus Value,” W. Hutton and A. Giddens (eds.), *On The Edge: Living with Global Capitalism*, Jonathan Cape.
Parreñas, R. S. 2001 *Servants of Globalization: Women, Migration, and Domestic Work*, Stanford University Press.
Yang, W-S. and Lu, M. C-W. eds. 2010 *Asian Cross-border Marriage Migration: Demographic Patterns and Social Issues*, Amsterdam University Press.

BOX6　信じる——宗教とジェンダー秩序

猪瀬優理

さまざまな社会的行為は、行為者が何をどのように信じているかによって、その具体的様相を変える。「信じる」は社会的行為の源泉の一つである。

女らしく、男らしく、性別に定められた社会的役割規範を正しく、守るべきものと頑なに信じていれば、人々はその教えに従った行動を自ら行い、影響の及ぶ範囲にいる他者にも行わせようとする。逆に、男女の別にとらわれず、一人ひとりの能力や個性を発揮できることが正しく実現するべきものと信じていれば、自らもジェンダー平等の方向に向けて行動しようとし、他者に対してもその実現に向けて働きかけようとするだろう。

「信じる」対象の一つである宗教は多様であり、この概念の射程範囲も広い。参考に『ジェンダー事典』（ジェンダー事典編集委員会編、二〇二四、丸善）「第一五章　宗教と信仰」（川橋範子・小松加代子ほか編集担当）の事典項目を見ると、ジェンダーの視点から見た宗教、キリスト教とフェミニスト神学、イスラームと原理主義、仏教と女人成仏、ヒンドゥー教、道教、儒教、神道、新宗教、沖縄の民俗宗教、女人禁制・穢れ、修行・禁欲、伝説・怪異、女神と魔女、スピリチュアル、聖職者の性暴力、宗教とエスニシティ、宗教調査、宗教とLGBTQ、が並ぶ。各項目の説明では、多くの宗教が性別二元制に基づいた不平等なジェンダー秩序を維持・強化し、人々の生活と人生を制限するとともに差別や排除・搾取などに加担しており、そのあり方が政治・経済・文化の社会変動と連動していることが示されている。

宗教を信じることは、ジェンダー秩序の維持にも変革にもつながる可能性を持っている。

たとえば、日本発祥の新宗教の教祖には如来教・媹姾《りゅうぜん》如来喜之、天理教・中山みき、大本・出口なお、など女性が少なくない。女性は一般に既存のジェンダー秩序で権威となる男性への従順を強いられる立場になりやすいが、女性であっても教祖となれば、人間を超越した権威ある存在として、既存の権威に対する異議申し立て、既存の秩序を超えた世界観の形成・維持が可能になる。

大本では、出口なおが「代々続く女の御世継ぎ」との教えを神の言葉として遺したことによって、五代に至るまで、代々教主に出口家の女性が就任して教団を率いている。また、天理教の「をびや許し」は、当時「産の忌み」のため産屋に隔離されていた妊産婦たちを、中山みきが、神を信じていれば安産できるとして、解放した教えである。

一信者であっても、教えを信じ実践することを通して、人間を超えた権威の力を借り、部分的にでも既存の権威への抵抗や不従順を試みることが可能になる場合もある。それゆえ、宗教は、女性をはじめ既存の秩序から抑圧・排除されてきた人、苦難を受け取っていた人にも救いをもたらし、社会秩序をより平等な方向に向ける可能性を持つ。

とはいえ、実際には宗教的権威は、既存のジェンダー秩序の維持に利用される事例の方が多い。新宗教も多様であるため一概には言えないが、女性を教祖にもつ新宗教でも実際の運営の担い手は男性中心になりがちである。

教団や信者個人によって程度は異なるが、ある宗教を信じることは、人々に生きる意義や居場所、信仰を共有する仲間集団をもたらし、その人の暮らしの判断基準、人生の目的を方向付けることになる。そのため、信じる人自身だけでなく、その人と密接なつながりのある人々の生活と人生にも影響を与える。とりわけ信者のもとで育つ子どもへの影響は大きい。家族におけるケア責任が女性に偏るジェンダー秩序の中で、宗教に子育て指針を求める人は女性となる場合が多い。子どもは信者である母のもとで育つ。にもかかわらず、多くの場合、教団運営自体は男性中心である。

教団運営のあり方は、教団外部の人間社会の状況を鏡のように反映したものである。男性が主導し女性が実務を担うあり方は、信仰のもとで行われる子育てや教育を通して継承されている。「信じる」ことをめぐるジェンダー秩序を問い直すことは、子育てや教育のジェンダー秩序を問い直すことと密接に関わっているのである。

（いのせ　ゆり　龍谷大学教授）

15 ケアする——ケアはジェンダーから自由になれるのか？

「ケア」の氾濫

巷には「ケア」という言葉が溢れている。ヘアケア、フットケア、心のケア、セルフケア、ケア・マネージャー、ケアハウス、あるいは身体の一部のみを注視するCure（治療）に対する、体と心全体に対するケアなど。さらに、時間に追われる多忙な生活や、甚大な自然災害等に起因する、ストレスが絶えない現代社会を生き抜くうえで、癒しとしてのケアが一大ビジネスとして幅広く展開されているのも、ケアの今日的な特徴といえるだろう。

日本語が第一言語でない家族や障がいのある家族のために通訳をしている

障がいや病気のある家族の入浴やトイレの介助をしている

「ケア」という言葉に関わって、近年注目を集めている言葉がある。「ヤングケアラー」だ。この言葉は、二〇二一年には流行語大賞にもノミネートされた。「ケアラー」とは、一言でいうと「ケア

ヤングケアラーとは、例えばこんな子どもたちです
障がいや病気のある家族に代わり、買い物・料理・掃除・洗濯などの家事をしている
家族に代わり、幼いきょうだいの世話をしている
障がいや病気のあるきょうだいの世話や見守りをしている
目を離せない家族の見守りや声かけなどの気づかいをしている
家計を支えるために労働をして、障がいや病気のある家族を助けている
アルコール・薬物・ギャンブル問題を抱える家族に対応している
がん・難病・精神疾患など慢性的な病気の家族の看病をしている
障がいや病気のある家族の身の回りの世話をしている

出典：こども家庭庁ホームページ（2024 年 4 月 28 日アクセス）

図 15-1　ヤングケアラーとは

する人」である。二〇二四年六月、子ども・若者育成支援推進法の改正法において、ヤングケアラーは「家族の介護その他の日常生活上の世話を過度に行っていると認められる子ども・若者」と定義され、国や地方自治体等での支援が明記された。ヤングケアラーは従来、児童福祉法の対象である一八歳までの子どもを指すと理解されてきたが、今回の法制化では、支援対象はおおよそ三〇代までの若者となった。（図15－1）。

　厚生労働省と文部科学省が行った子ども・若者自身への調査によれば、小学六年生の六・五％、中学二年生の五・七％、全日制高校二年生の四・一％、大学三年生の六・二％がケアラーであることが明らかになった。一日七時間以上、家事やケア役割を担う中高生が一割程度存在しており、勉強やクラブ活動、友人とのつきあいなど、学校生活にも影響が及んでいることが明らかになった。また、大学生は、過去ケアラーであった割合（四％）も含めると、一割にのぼる（三菱ＵＦＪリサーチ＆コンサルティング　二〇二一、日本総合研究所　二〇二二）。

「ケア」の多義性

ではそもそも「ケア」とはいったいなんだろうか。日本語に翻訳しようとすれば、「育児」「介護」「看護」「介助」「支援」など、多様な言葉とつながっていることがわかる。ケアの語源にさかのぼると、ケアには、具体的な行為としての「世話をする（care for）」や「相手に対する気遣い・配慮（care about）」といった意味のほかに、「負担」や「重荷」という対立的な意味も含まれている。また、ケアは、社会や文化といった、特定の歴史的文脈によって、その範囲や意味づけが異なることには留意が必要だ。つまり、ケアの問題を考えるにあたっては、誰が（国家、市場、家族、ボランティアなど）、誰に対して、どのようなケアを行っているかに注目する必要がある。そして、こうした社会の中でのケアの配置が、どのような論理で正当化されているのか、そのことによってどのような問題が生じているのかを検討していく必要がある。

ケアにおけるジェンダー非対称性

とりわけ近代社会以降のケアは、ジェンダーと深い関わりの中で展開されてきた。そこには二つの含

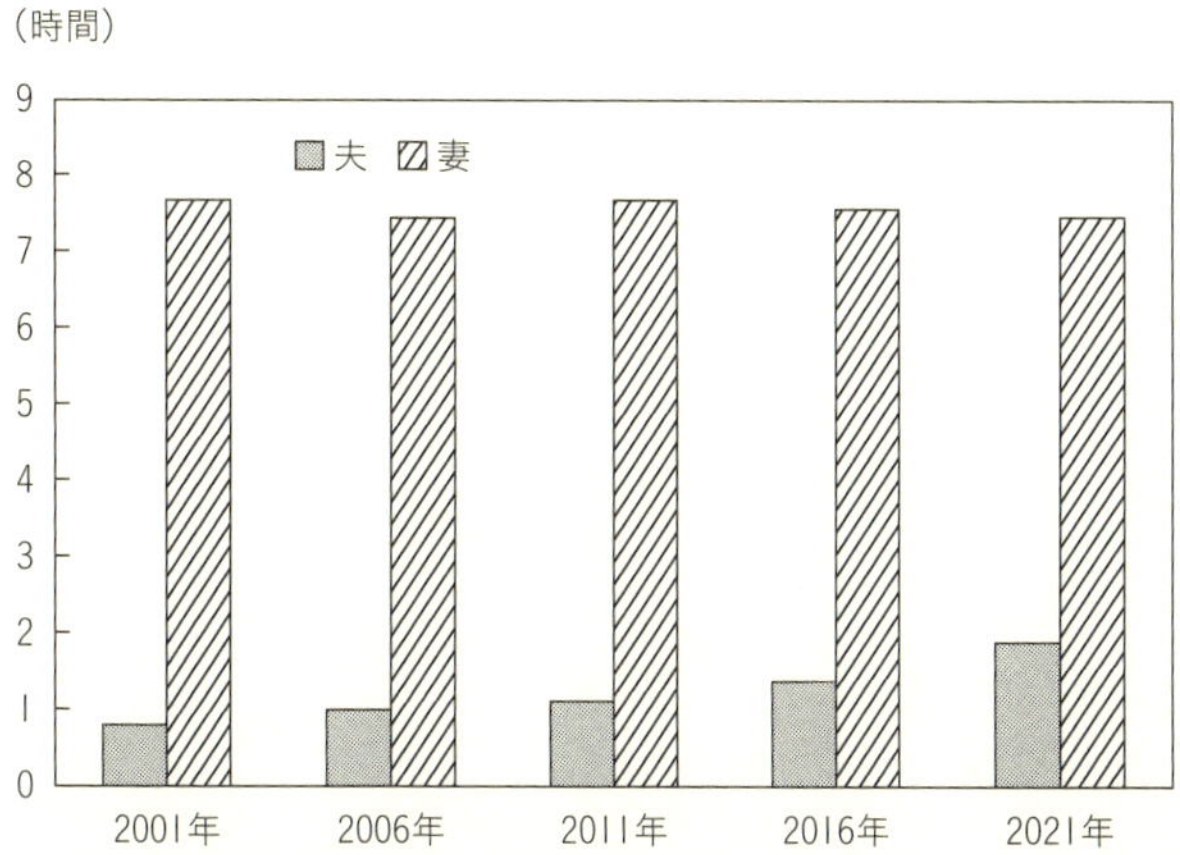

出典：総務省統計局「令和３年社会生活基本調査」

図 15-2　6 歳未満の子どもを持つ夫・妻の家事関連時間の推移（週全体）

意がある。ひとつは、近代社会になって、ケアが家庭という私的な領域の中で営まれるようになってきたということ。そしてもうひとつは、ケアが女性の役割とみなされてきたということである。

資本主義経済の発展の中で、生産と消費が空間的に分離される過程で登場した「男は仕事、女性は家庭」という性別役割分業は、女性に、家事や育児・介護といった役割を割り当てると同時に、女性の生活空間を私的な家庭へと限定した。女性がケアを引き受けることは、子どもを産むという女性の身体機能・特性からみて「自然」であると考えられた。女性は、夫や子どもなど、自分以外の家族へのきめ細かい気配りを通じて、家族への愛情を示すことが期待された。とりわけケアを通じた他者への献身は、女性自身の存在証明という役割を果たしてきた。このように、ケアは、私的領域での女性の役割として位置づけられているがゆえに、公的領域において仕事としてケアが提供される場合でも、家庭の延長線上という位置づけによって、他の職種と比べて圧倒的に安価に抑えられている。

日本でも、「ワンオペ育児」という言葉に象徴されるように、女性の有職率が高くなり、共働き世帯が増えているにもかかわらず、依然として、女性のみに家事・育児の負担が大きく偏っている。六歳未満の未就学児がいる世帯の夫の家事・育児時間は、増加傾向にあるものの、依然として妻とは大きな乖離がある（図15－2）。

一九九一年に成立した「育児・介護休業法」では、二〇二一年に「パパ・ママ育休プラス」が導入された。「父母ともに育児休業を取得した場合」は、子が一歳二ヵ月に達するまで、育休を取得できるようになった（原則は一歳まで）。さらに、出産後八週間以内の父親の育休取得の促進のため、二〇二二年一〇月からは、父親が、子どもの生後八週間以内に、二回に分割して四週間の育休を取得できるようになった。また、配偶者が専業主婦（夫）であれば育休が取得できなかったが、現在は取得可能になっている。二〇二三年度の男性の育児休業の取得率は、三〇％を超え、一定の伸び率を示しているものの、政府目標が掲げている五〇％（二〇二五年度）にはまだ遠い（図15－3）。

また、育休取得期間をみてみると、六割以上の女性が「一〇カ月以上」取得しているのに対して、男性の取得期間は、「一ヵ月～三ヵ月未満」が二八％と最も多く、次いで「五日～二週間未満」（二二％）となっており（二〇二三年度）、男女差がきわめて大きいといわざるを得ない。

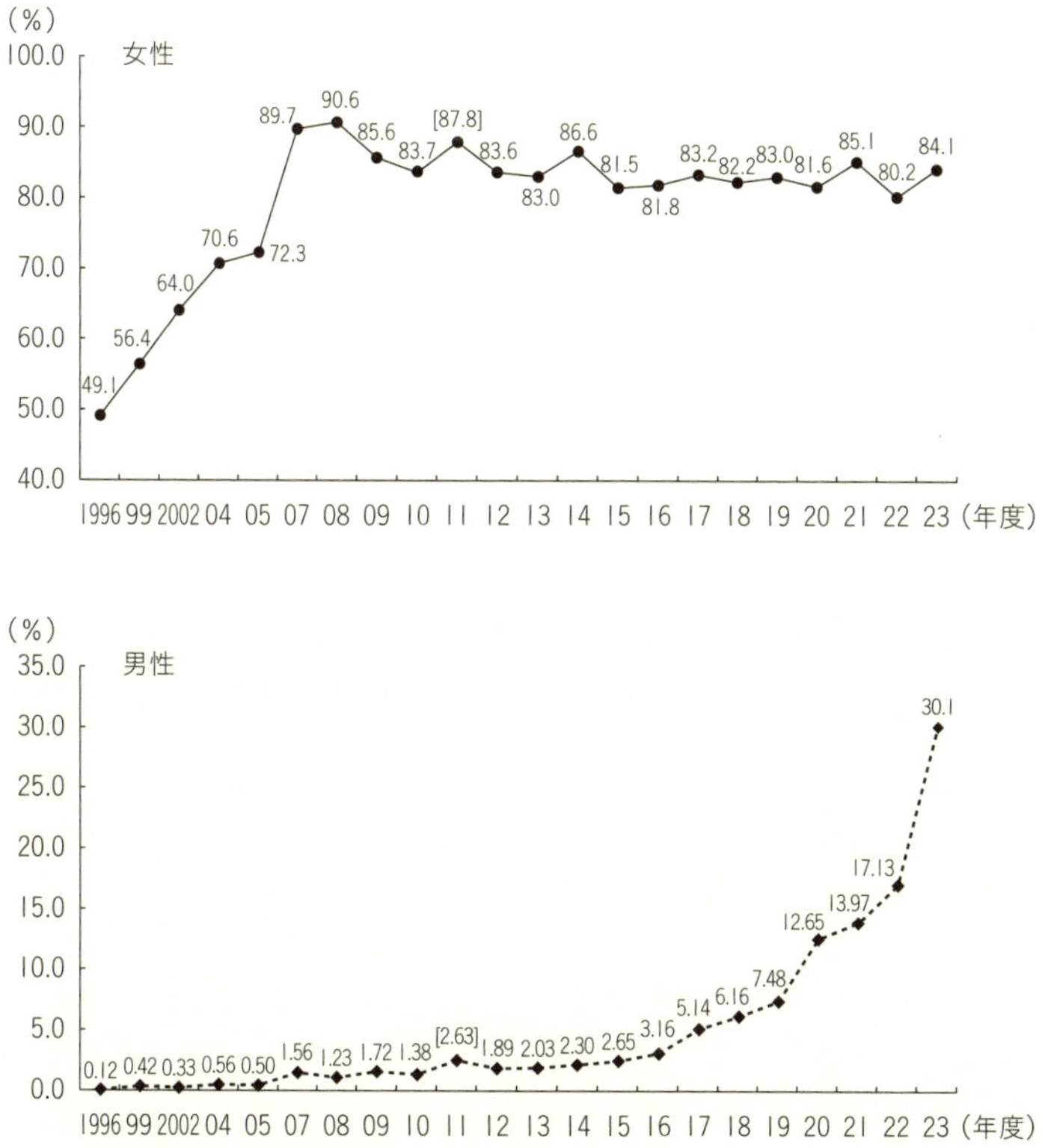

注：2011 年度の［ ］内の割合は、岩手県、宮城県及び福島県を除く全国の結果。
出典：厚生労働省「令和 5 年度雇用均等基本調査」より作成

図 15-3　育児休業取得率の推移

ケアとライフコース

ケアは育児だけではない。二〇二五年には、人口規模の大きい団塊世代が七五歳以上の後期高齢者となる。癌や生活習慣に関わる慢性疾患、精神疾患や精神的不調を抱える人も増加する一方だ。育児に限らず、介護や看護など、ケアのニーズは多様化し、増大する一方で、世帯規模は縮小し続けている。つまり、だれもが、ケアを受ける側だけではなく、ケアラーになる時代に突入しようとしている。

ケアラーが直面する課題や困難は、人生のどの段階で、どのような人を支えるケアラーになるかによって異なる。前述したヤングケアラーのように、人生の早い段階においてケア役割を引き受けることで、自分の人生のためのライフチャンスが制約されてしまうことがある。晩婚化・晩産化というライフコースの変化は、介護と育児の両方を同時に担う「ダブルケア」の出現率を高めている（相馬・山下 二〇二〇）。ダブルケアを担っている人は三〇～四〇代の女性を中心として、二九万三七〇〇人に上る（二〇一七年時点）という推計がある（『毎日新聞』二〇二四年一月二九日）。ケアの発生のタイミングによっては、仕事への影響も深刻である。「令和四年就業構造基本調査」（総務省統計局）によれば、看護・介護を理由とした離職者は、一年間で一〇万六〇〇〇人にのぼる（男性二万六〇〇〇人、女性八万人）。介護は育児とは異なり長期に及ぶことも多い。いったんケアを理由に離職してしまうと、再就職も困難を極める。介護をきっかけとして離職した人が、介護役割を終えてもなお、社会に復帰することができない「ミッシングワーカー（消えた労働者）」の増加が、こうした働き方のひずみを象徴している。四〇～五〇代の「失業者」（求職活動中）が七二万人に対して、求職活動すらできずにいる「ミッシングワーカー」は一〇三万人存在すると推測されている（ＮＨＫスペシャル取材班　二〇二〇）。

このように、ライフコースという、人生の時間の流れに注目してケアの問題を捉えると、ジェンダー不平等の問題は一層鮮明になる。仕事とケアの両立が難しい場合、第一子妊娠を契機とする離職、介護離職、ケアと両立させるための非正規雇用など、ケア役割によって働き方の調整を迫られることが多いのは、圧倒的に女性である。そして、ケアに起因する経済基盤の脆弱化は、中年期・高齢期における女性の貧困問題へと直結している（↓10困る）。

「再生産労働」としてのケアの可視化――フェミニズムの貢献

人の命と生活を支えるケアという営みは、私たちの社会全体の存続にとって必要不可欠な労働である。それにもかかわらず、政治や経済といった公的領域では、ケア役割を担うことを想定していない働き方を前提とした「ケアレスマン・モデル」が主流であり、ケアの大部分を女性の無償労働や安価な有償労働に依存し続けている（フレイザー　二〇二三）。

フェミニズムの大きな成果のひとつは、女性によって家庭内で営まれるケアを、愛情に基づく私的な行為ではなく、公的領域で男性が従事する「生産労働／有償労働」を支える、日々の労働力の再生産および生命の再生産（次世代育成）を担う「労働」、すなわち「**再生産労働**」として対置させたことにある。フェミニズムは、再生産労働が、生産労働を成立・維持させるために社会的に必要な労働であるにもかかわらず、家族愛という名目でこの労働を女性に割り当てる分業体制によって、「無償労働《アンペイド・ワーク》」として、女性の男性への従属を正当化する役割を果たしてきたことを暴露したのである。

ケアの家族責任と「ケアの危機」

先進国を中心とする人口減少・少子高齢化という人口変動において、ケアを支える政策は、持続可能な社会を構築するためにも、きわめて重要な社会課題となっている。しかし、これまでみてきたように、日本では、男性正社員の継続雇用と、女性の非正規・パート労働というジェンダー化された二重構造によって、ケア政策は軽視され続けてきた（三浦 二〇一五、二〇二二）。とりわけ近年では、税や社会保障を基軸とする「公助」ではなく、家族による「自助」や地域社会での「共助」が、ますます強調・優先されている。

ケアに関わる家族責任の強調は、結果的にケアを抱える家族を追い込むことにつながる。子どもや高齢者、障害者など、ケアを必要とする人に対する虐待や殺人が増加傾向にあることは、ケアを家族に押しつけ続けていることのひとつの帰結である。たとえば、児童相談所が対応した虐待相談対応件数は、一九九〇年度の統計開始以来、一貫して増加し続けており、二〇二二年度は二一万四八四三件（対前年度比＋三・五％）であった（こども家庭庁ＨＰ）。また、介護疲れによる介護殺人では、六〇歳以上の当事者が家族・親族に殺害された事件が、過去一〇年間で四三七件という調査報告もある（『毎日新聞』二〇二三年一二月一六日朝刊）。こうした事態は、個別家族の機能不全の結果ではなく、日本社会全体の「ケアの危機」なのではないか（フレイザー　二〇二三）。いいかえれば、ケアを家族に押しつけてきた、ジェンダー化された日本の社会構造の転換なしに、この危機は乗り越えることができないだろう。

では、ケアをめぐるジェンダー構造はどのように変革しうるのだろうか。おおまかにいって、二つの戦略が考えられる。ひとつは、ジェンダー非対称なケアの分業体制の抜本的な見直し、とりわけ、男性のケアへの参画を後押ししていくという戦略。もうひとつは、ケアを権利として捉え、その権利保障を社会全体でサポートしていくという戦略である。

男性のケアへの参画――「ケアリング・マスキュリニティ」

男性が有償労働に従事することは、経済的自立が達成されやすいことを意味するが、この達成は、女性による家事・ケアの無償での提供を前提としている。男性が家事やケアを担うことは、単なるタスクの公平な分担だけではなく、女性の経済的自立を促進する可能性にもつながる。

男性の無償のケアへの参画は近年、「ケアリング・マスキュリニティ（ケアする男らしさ）」というキーワードで、ジェンダー平等達成のための重要な課題として世界的にも注目されるようになってきている（多賀　二〇一八）。男性が育児や介護といったケアを担うことが、自動的に男性自身の変化につながるわけではない。「イクメン」という言葉に象徴されているように、例外的な「できる男」にとどまってしまう可能性もあるだろう。無償・有償にかかわらず、ケア労働に男性が関わることを通じて、競争に勝つことで他者よりも優位な支配的な立場を保持する、あるいは他人に自分の弱みを見せない、他者に相談しないといった、従来の「男らしさ」を見直すチャンスにつながることが期待されている。

ケアの領域への男性の参画は、個人的な努力によってのみ達成しうるものではなく、男性の新しい生き方のロールモデルの構築がともなわなければならない。そのためには、男性がケアに関わること自体を困難にしている長時間労働の抜本的解消を含む男性中心の企業風土の改善や、ケアへの参画を後押しする社会的支援のしくみが不可欠である。以下では、二つめの戦略（ケアの権利への社会的支援）についてみていこう。

ケアフルな社会の方へ

男女問わずケアに関わることを権利として社会的に保障していく動きは、単なる個人への支援を意味するだけではない。じつは、社会のあり方そのものを問い直す視点も私たちに提供してくれる。ここでは、「**ケアの倫理**」と称される、フェミニズムによる研究に注目してみたい（岡野　二〇二四）。ケアという相互行為を通じて構築される関係性が有する社会的価値の再評価に関わる一連の研究である。近代的な人間像が重視してきた個人の自立という価値は、ケアされること＝依存することを低く評価することと表裏一体となっている。「依存の否認」を前提とする近代的な人間像に対置する新しいモデルの構築にあたって、マーサ・ファインマン（二〇〇九）は、そもそも、人間が生まれてから死ぬまでの間、必ず誰かに依存しなければ生きていけないという現実（「不可避の依存」）から出発することの重要性を指摘した。さらに、ケアを担う人間もまた、仕事などの社会生活において、ケア責任を抱えていない人と比べて、弱い立場に立たされる（二次的依存）。このように、すべての人間が、傷つきやすい存在であり、他者に依存せざるを得ない存在であるという事実から社会のあり方を構想する視点は、個人の自立ではなく、ケアを媒介とした関係性を重んじる立場をとる。つまり、ケアされる／ケアするという関係性は、ときに葛藤や衝突にさいなまれながらも、合理性や効率性といった観点だけでは測ることができない私たちの生活の重要な部分を占めており、人と人とのつながりや共生を尊重する社会を構想する起点となりうると、ケア・フェミニズムは主張する。

ここで肝要なことは、ケアされる／ケアすることによって不利益を被らない社会的なしくみを構築することである。従来、女性の自己犠牲の上に成立してきたケアとジェンダーの根深い歴史に鑑み、これを単に美化し温存することは回避されなければならない。ケアは、二者関係に内閉化されることなく、より開かれた社会的支援の中に位置づけられなければならない（キテイ　二〇一〇）。ケアの権利に関する具体的な社会的支援とは、一方では、ケアを担う人にとっては、ケア責任を引き受けることで、たとえば、仕事との両立や他の活動（趣味や教育など）、友人らとの人間関係が脅かされてはならないということを意味する。他方で、ケアを受ける人にとっても、ケアが権利として承認されることは、社会サービスを利用することは恥ずべきことであるという意識が薄れると同時に、閉じられたケア関係の中で生じやすい支配や暴力を回避する開放性・選択性を確保してくれる。

ケアを男女間や社会全体でどう分有するかは、これからの社会の豊かさを測るひとつの重要なメルクマールになるに違いない。ケアに関わる人々の生活の現実を直視しないまま、家族愛や自助を強調することで、政策や政治の構造的欠陥が不問にされるようなことがあってはならない。ケアを、リスクや負担として捉えるのではなく、ケア関係が有する社会的価値のポテンシャルやそれを活かすための社会構想の視座を、フェミニズム思想は私たちに提供してくれる。

（斎藤真緒）

引用・参考文献

上野千鶴子　二〇一一『ケアの社会学――当事者主権の福祉社会へ』太田出版。
NHKスペシャル取材班　二〇二〇『ミッシングワーカーの衝撃――働くことを諦めた一〇〇万人の中高年』NHK出版新書。
岡野八代　二〇二四『ケアの倫理――フェミニズムの政治思想』岩波新書。
落合恵美子　二〇二三『親密圏と公共圏の社会学――ケアの二〇世紀体制を超えて』有斐閣。
キテイ、E・F　二〇一〇『愛の労働あるいは依存とケアの正義論』（岡野八代・牟田和恵監訳）白澤社。
斎藤真緒・濱島淑恵・松本理沙・京都市ユースサービス協会編　二〇二二『子ども・若者ケアラーの声からはじまる――ヤングケアラー支援の課題』クリエイツかもがわ。
相馬直子・山下順子　二〇二〇『ひとりでやらない　育児・介護のダブルケア』ポプラ社。
多賀　太　二〇一八「国際社会における男性ジェンダー政策の展開――「ケアする男性性」と「参画する男性性」」『人権問題研究室紀要』第七六号。

トロント、J・C著／岡野八代訳・著　二〇二〇『ケアするのは誰か？――新しい民主主義のかたちへ』白澤社。

日本総合研究所　二〇二二「令和三年度子ども・子育て支援推進調査研究事業　ヤングケアラーの実態に関する調査研究報告書」。

ファインマン、M・A　二〇〇九『ケアの絆――自律神話を超えて』（穐田信子・速水葉子訳）岩波書店。

フレイザー、N　二〇二三『資本主義は私たちをなぜ幸せにしないのか』（江口泰子訳）ちくま新書。

三浦まり　二〇一五「新自由主義的母性――「女性の活躍」政策の矛盾」『ジェンダー研究』第一八号。

――　二〇二二「「ケアの危機」の政治――新自由主義的母性の新展開」『年報政治学』第七三巻一号。

三菱UFJリサーチ&コンサルティング　二〇二一「令和二年度子ども・子育て支援推進調査研究事業　ヤングケアラーの実態に関する調査研究報告書」。

［ま行］

［や行］

［ら・わ行］

［A～Z］

事　項

索引

人名

執筆者紹介（現職　専攻）

0　伊藤公雄（いとう　きみお）
奥付の編者紹介を参照

1　藤田由美子（ふじた　ゆみこ）
福岡大学人文学部教授　教育社会学

2　木村涼子（きむら　りょうこ）
大阪大学大学院人間科学研究科教授　教育社会学，歴史社会学

3　中村桃子（なかむら　ももこ）
関東学院大学経営学部教授　言語学，英語学

4　牟田和恵（むた　かずえ）
奥付の編者紹介を参照

5　妹尾麻美（せのお　あさみ）
追手門学院大学社会学部准教授　若者論

6　大槻奈巳（おおつき　なみ）
聖心女子大学現代教養学部教授　職業社会学，労働とジェンダー

7　藤田嘉代子（ふじた　かよこ）
宮城学院女子大学生活科学部准教授　ジェンダー論，家族社会学

8　久保田裕之（くぼた　ひろゆき）
日本大学文理学部教授　家族社会学，福祉社会学，政治哲学

9　辻　泉（つじ　いずみ）
中央大学文学部教授　文化社会学

10　丸山里美（まるやま　さとみ）
奥付の編者紹介を参照

11　谷本奈穂（たにもと　なほ）
関西大学総合情報学部教授　文化社会学

12　辻　大介（つじ　だいすけ）
大阪大学大学院人間科学研究科教授　コミュニケーション論

13　佐藤文香（さとう　ふみか）
一橋大学大学院社会学研究科教授　軍事・戦争とジェンダーの社会学

14　髙谷　幸（たかや　さち）
東京大学大学院人文社会系研究科准教授　移民研究，国際社会学

15　斎藤真緒（さいとう　まお）
立命館大学産業社会学部教授　家族社会学

編者紹介

伊藤公雄（いとう　きみお）
大阪大学・京都大学名誉教授　文化社会学，ジェンダー論
主著：『増補新版　〈男らしさ〉のゆくえ――男性文化の文化社会学』（近刊，新曜社），『男性危機？――国際社会の男性政策に学ぶ』（共著，2022年，晃洋書房），『「戦後」という意味空間』（2017年，インパクト出版会）

牟田和恵（むた　かずえ）
大阪大学名誉教授　家族社会学，ジェンダー論
主著：『架橋するフェミニズム――歴史・性・暴力』（編著，2018年，電子書籍），『フェミニズム・ジェンダー研究の挑戦――オルタナティブな社会の構想』（編著，2022年，電子書籍），『部長，その恋愛はセクハラです！』（2013年，集英社新書）

丸山里美（まるやま　さとみ）
京都大学大学院文学研究科准教授　貧困研究，ジェンダー論，福祉社会学
主著：『女性ホームレスとして生きる〔増補新装版〕――貧困と排除の社会学』（2021年，世界思想社），『質的社会調査の方法―― 他者の合理性の理解社会学』（共著，2016年，有斐閣）

ジェンダーで学ぶ社会学〔第4版〕

2025年1月20日　第1刷発行　　定価はカバーに表示しています

編　者　伊藤公雄
　　　　牟田和恵
　　　　丸山里美

発行者　上原寿明

世界思想社
京都市左京区岩倉南桑原町 56　〒 606-0031
電話 075(721)6500
振替 01000-6-2908
http://sekaishisosha.jp/

Printed in Japan（印刷 中央精版印刷）

ISBN978-4-7907-1796-6